U0701729

书名题字　　朱继峰

著名书画艺术家、中国书画家协会常务副主席

依韵新编中外贤文集成

中外圣贤经

陈万林 编著

海天出版社（中国·深圳）

图书在版编目（CIP）数据

中外圣贤经 / 陈万林著.—— 深圳：海天出版社，
2010.8（2015.6重印）

  ISBN 978-7-80747-934-5

  Ⅰ.①中… Ⅱ.①陈… Ⅲ.①格言—汇编—世界
Ⅳ.①H033

  中国版本图书馆CIP数据核字（2010）第138161号

中外圣贤经

出 品 人　陈新亮
策划编辑　于　辉
责任编辑　张小娟
责任技编　蔡梅琴
书名题字　朱继峰

出版发行　深圳海天出版社
地　　址　深圳市彩田南路海天大厦（518000）
网　　址　www.htph.com.cn
订购电话　0755-83460293（批发）83460397（邮购）
印　　刷　深圳市华信图文印务有限公司
开　　本　889mm×1194mm　1/48
印　　张　4
字　　数　50千
版　　次　2010年8月第1版
印　　次　2015年6月第5次
定　　价　15.00元

前言

观今鉴古，无古无今。国度开放，社会转型，在物质主义盛行、道德危机、传统文化出现严重断流的现实境况下，《中外圣贤经》一方面从华夏古训名言佳句中撷英集萃，另一方面注入当代思想新元素，并从西方文化中吸取人文精神，使人类传统文明血脉融会贯通于当今生活之中。期以滋润现代人迷茫、焦渴的心灵；促进中华道统薪火相传，中西文化融会互补，进而催生经济社会人文之果，是出版本书的用心所在。

为便于读者阅读记取，学以致用，《中外圣贤经》条分缕析，分门别类，奉上励志、修为、处事、读书、为官、道德、孝道、健康、勤俭、贫富、社交、夫妻、大爱等十三道经文：并于疑难字句处注音释义。其内容包罗万象、涵盖中外、充盈智慧、洞察世态、启迪人生，具有劝世警世劝善劝学的现实意义及欣赏和实用价值。同时，本书还举荐了人类历史上数十位中外圣贤哲人及其经典名言佳句，使经文与人物辉映，内容与境界齐飞。因此，《中外圣贤经》是一本现代人为人处世、修身厚德的必备读本。

"如将不尽，以古为新。"编撰中虽致力推陈出新，与时俱进，但某些内容毕竟产生流传于不同时代，必然会留下那个时代的印痕，请读者诸君注意甄别，扬弃吸收。

一册在手，朗朗上口。践行有则，终身受用。此实乃我们的期盼与祝福！

毛世屏

庚寅年仲夏

目　录

励志经

励志释义：

励，激励；志，志向。为了实现某一志向而激励自己奋发向上，刻苦努力。"励志"的意思比"立志"更深一层，含有"下定决心"的意思。人活一世，不可以无志，更不可虚度光阴；要不断激发志气，以求有所作为。

愚公志[1]，精卫情。有志者，事竟成。锲不舍[2]，持以恒。报国家，泽民生。大道行[3]，天下公。经小康，终大同[4]。

鸿蒙未辟[5]，宇宙洪荒[6]。盘古开天，浊沉清扬。天高地厚，乾坤朗朗。日月经天，星宿列张。江河行地，浩浩荡荡。女娲补天[7]，日月重光。夸父逐日[8]，血气方刚。精卫填海[9]，荡气回肠。民族精神，积厚流光[10]。浩瀚宇宙，银河苍茫。地球生命，雨露阳光。斗转星移，天行有常。文明古国，源远流长。物华天宝，灿烂辉煌。人杰地灵。万世其昌[11]。

一人立志，万夫莫敌。人若有志，万事可为。鹰爱高飞，鸦栖一枝。胸无大志，枉活一世。

不积跬步[12]，无致千里。业成于勤，荒废于嬉[13]。老骥伏枥[14]，志在千里。烈士暮年[15]，壮心不已。天降大任，苦其心志。急中有失，怒中无智。军有归心，必无斗志。

不精不诚，不能动人。忧劳兴国，逸豫亡身[16]。光阴似箭，日如穿梭。水到渠成，瓜熟蒂落。人非圣贤，孰能无过。

盘石挤水，毅力无比。绳锯木断，水滴石穿。不怕路远，就怕志短。忍耐虽苦，果实甘甜。生于忧患，死于安乐[17]。

百里之行，九十为半[18]。千里之行，始于足下。在上不骄，在下不谄[19]。兵来将挡，水来土掩。生有壮志，死无杂念。见异思迁，土堆难翻。专心致志，高峰能攀。谋事在人，成事在天。星星之火，可以燎原。百事粗通，样样稀松。难字压顶，寸步难行。

闯字当头，随意纵横。只要功夫深，铁棒磨成针。世上无难事，只怕有心人。丈夫志四海，万里犹比邻。

志存九天外，龙游云海间。勇向潮头立，敢为天下先。鸡鸣须早起，犬吠莫安眠。淡泊以明志[20]，宁静以致远。三百六十行，行行出状元。理正不怕官，心正不怕天。国以民为本，民以食为天。名利淡如水，事业重如山。

虎瘦雄心在，人穷志不短。钢铁怕火炼，困难怕志坚。知足身常乐，能忍心自安。荣名秽人身，高位多灾患。

无志愁压头，有志能搬山。海为龙世界，云是鹤家乡。月缺不改光，剑折不改钢。山立在地上，人立在志上。少壮不努力，老大徒悲伤。

人勤春来早，草发牲畜肥。不傲才骄人，不以宠作威。捐躯赴国难，视死忽如归。兔子睡大觉，乌龟跑第一。着眼不怕高，着手不怕低。好马不停蹄，好牛不停犁。希望是救星，绝望是大敌。

宁可食无肉，不可居无竹。出手做好事，出门走好路。人往高处走，水往低处流。人生万里路，走好每一步。

立下凌云志，敢去摘星斗。迎着困难走，困难化不流。人在世上炼，刀在石上磨。空车响声大，浮人空话多。漂亮话好说，漂亮事难做。过头话少说，便宜事少做。心静乾坤大，欲少智慧多。

手中没有米，叫鸡鸡不来。狐狸再狡猾，市上有皮卖。要得夜明珠，敢于下大海。老人思既往，少年望将来。万事有张有弛，万物有盛有衰。

兴盛时切谨慎，暴怒时须忍耐。无功受禄生祸[21]，不义之财是灾。不以英雄自居，但以英雄自勉。真金岂怕火炼，好货不怕甄选[22]。哀莫大于心死，悲莫过于志短。船大不怕浪高，志大不怕艰险。有志敢闯虎穴，无志怨天尤人。

　　明珠生于老蚌[23]，猛龙藏之深潭。沧海之下有地，高山之上有天。天才源自勤奋，伟大出于平凡。

　　不怕百战失利，就怕灰心丧气。不求完全一致，尽可求同存异。事实胜于雄辩，谎言不敌真理。一生快乐皆庸富，万种艰辛出伟人。

　　眉开眼笑三分宝，唉声叹气财运倒。要学流水自己走，莫随朽物水上漂。花因色娇遭蝶采，雀因声巧被笼牢。胆大锯龙头上角，心雄拔虎嘴边毛。

　　书生报国无长物，唯有手中笔似刀。识时务者为俊杰，通机变者是英豪。半部《论语》治天下[24]，一代风流看今朝。

　　一时强弱在于力，千秋胜负在于理。马有四蹄走千里，人有两手创奇迹。人恶人怕天不怕，人善人欺天不欺。大鹏一日同风起，扶摇直上九万里。十个指头有长短，荷花出水有高低。莫道举世无知己，有才庸人皆妒嫉。

樱桃好吃树难栽，不下苦功花不开。世事多因忙里错，好人半自苦中来。问渠哪得清如许，为有源头活水来。少小离家老大回，乡音未改鬓毛衰。一头白发催将去，万两黄金买不来。好花难种不常开，少年易老不重来。时到天亮方好睡，人到老来才学乖。忽如一夜春风来，千树万树梨花开。我劝天公重抖擞，不拘一格降人才。宝贵光阴静里去，高深学问苦中来。

能经天磨真好汉，不受人妒是庸才。有了老婆不愁孩，有了木匠不愁柴。万恶皆由私字起，千好都从公心来。天井砍树倒不下，床底弄斧展不开。怀才不遇世上有，世界终归纳英才。

身正不怕影子斜，德高何忧生是非。守己不贪终是稳，利人所有定遭亏。平生最爱鱼无舌，游遍江湖少是非。生如夏花之绚烂，死如秋叶之静美。青云有路终须到，金榜无名誓不归。人无脾性无人畏，火不烧山地不肥。事后才知事前错，老年方觉少时非。百经挫折心不屈，屡遭坎坷志不颓[25]。

只有上不去的天，没有上不去的山。从来好事天生险，自古瓜儿苦后甜。九州有路休为客，百岁无愁即是仙。洞明世事胸襟阔[26]，阅尽人情眼界宽。

闲中觅伴书为先，身外无求睡最安。春蚕到死丝方尽，蜡炬成灰泪始干。自古雄才多磨难，从来纨绔少伟男[27]。立身苦被浮名累，涉世无如本色难。年怕中秋月怕半，男儿立志在少年。

老牛自知夕阳短，不用扬鞭自奋蹄。好话说尽不充饥，墙上画马不能骑。蛟龙无水困沙滩，虎落平阳被犬欺。试玉要烧三日满，辨材须待七年期。宁可忍胯下之辱，不可失丈夫之志。成功多在穷苦日，败事每于得意时。念念有如临敌日，心心常似过桥时[28]。常将冷眼观螃蟹，看你横行到几时。善恶到头终有报，只争来早与来迟。

猛虎不在当道卧，困龙也有上天时。黄河尚有澄清日，岂有人无得运时。刀利不怕韧牛皮[29]，火烈不怕生柴枝。

立志须从千载想，做事必下勤奋功。有钱四十称老翁，无钱七十逞英雄。横看成岭侧成峰，远近高低各不同。不识庐山真面目，只缘身在此山中。猪圈岂生千里马，花盆难养万年松。时人莫小池中水，

浅处不妨有卧龙。莫谓草庐无俊杰，须知山泽起英雄。

强中更有强中手，恶人终受恶人磨。聪明得福人间少，侥幸成名史上多。妆未梳成不见客，不到火候不揭锅。雄关漫道真如铁，而今迈步从头越。一寸光阴一寸金，寸金难买寸光阴。卧薪尝胆磨意志[30]，风霜雨雪炼精神。

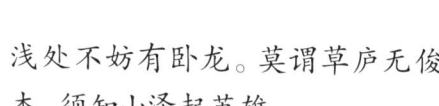

注解

[1]出自《列子·汤问》里的一篇寓言《愚公移山》，叙述了愚公不畏艰难，坚持不懈，挖山不止，最终感动天帝而将山挪走的故事。

[2]锲（qiè）：雕刻，镂刻；刻。舍：停止。锲而不舍，喻持之以恒。

[3]大道：天道，自然规律，公义之道。

[4]大同，古代政治上的最高理想，建立平等和谐共荣的社会。

[5]天地开辟之前是一团混沌的元气，叫做鸿蒙。

[6]天地还是一片荒凉之时。

[7]女娲是中国神话传说中的女神，人首蛇身。相传天破一洞，女娲便炼五色石补天。

[8]夸父：古代神话人物。逐日：追逐太阳。

[9]古代神话中的鸟名。精卫衔来木石，决心填平大海。旧时比喻仇恨极深，立志报复。后比喻意志坚决，不畏艰难。

[10]积累的功业越深厚，则流传给后人的恩德越广。光，通"广"。

[11]昌：昌盛。

[12]跬步（kuǐ bù）：半步，跨一脚。

[13]嬉（xī）：嬉戏，玩乐。

[14]骥（jì）：良马；枥（lì）：马槽。老马虽趴在槽头吃食，仍向往奔驰千里。

[15]此处烈士指志向远大的英雄。语出三国曹操《龟虽寿》。

[16]忧心操劳可以使一个国家兴旺。放纵淫逸会导致国家灭亡。出自宋代文豪欧阳修的《伶官传序》。

[17]忧愁患害可以使人生存，而安逸享乐使人萎靡死亡。告诉世人无论是个人还是单位、国家，若要生存发展，都必须

有适度的忧患意识。

[18]百里的行程，走了九十里只算走了一半。喻事情越是接近成功，越是困难。

[19]诌(zhōu)：信口胡说。

[20]看淡名利显示志趣；心境安宁达到远大目标。淡泊是一种人生体验，是一种对自然万物的认同。

[21]禄：旧时官吏的薪俸。没有功劳而得到报酬。

[22]甄选(zhēn xuǎn)：甄别选择。

[23]蚌(bàng)：蚌壳，可产珍珠。

[24]《论语》：孔子言论的汇编，儒家最重要的经典。

[25]颓(tuí)：委靡，消沉。

[26]洞明：透彻地了解。

[27]从古至今英雄人物总要经历磨难才能成就大业，而娇生惯养之辈总是缺少气概，难以成就伟业。

[28]生活中要处处小心，也许意外随时会出现。行动要谨慎，像过桥一样小心。

[29]韧(rèn)：韧劲。本意为柔软而结实，受外力作用时虽变形而不易折断。

[30]薪：柴草；胆：苦胆。典出《史记·越王勾践世家》，喻刻苦自励，发奋图强。

孔子（前551—前479），名丘，字仲尼，春秋末期鲁国陬邑（今山东曲阜）人。中国古代著名的思想家、政治家、教育家。儒家的创始人。

孔子曾任鲁国司寇。晚年收徒讲学，相传有弟子三千，贤人七十二。曾带领弟子周游列国14年。其学说以仁为核心，而"仁"的执行又要以"礼"为规范。

孔子政治上提出"正名"的主张，提倡德治和教化。首创私学教育，主张"有教无类"，因材施教。孔子自汉代以降，为中华历代统治者所尊崇，儒学也成为中华文化的主流，影响遍及世界。

孔子与孟子并称"孔孟"。孔子是"至圣"，孟子是"外王"。孔子编撰了中国第一部编年体史书《春秋》。孔子的言行思想主要载于语录体散文集《论语》及《史记·孔子世家》。

其名言：

朝闻道，夕死可矣。

三军可夺帅也，匹夫不可夺志也！

有朋自远方来，不亦乐乎？

修己以敬……修己以安人……修己以安百姓。

仁者不忧，知者不惑，勇者不惧。

己所不欲，勿施于人。己欲立而立人，己欲达而达人。

三人行，必有我师焉，择其善者而从之，择其不善者而改之。

上好礼，则民莫敢不敬；上好义，则民莫敢不服；上好信，则民莫敢不用情。

听其言而观其行。

敏而好学，不耻下问。

孟子（前372—前289），战国时期鲁国人。中国古代著名思想家，教育家，战国时期儒家代表人物。著有《孟子》一书。

孟子继承并发扬了孔子的思想，成为仅次于孔子的一代儒家宗师，有"亚圣"之称。孟子三岁丧父，孟母艰辛地将他抚养成人。孟母管束甚严。"孟母三迁"、"孟母断织"等故事，成为千古美谈，后世母教之典范。

《孟子》与《论语》、《大学》、《中庸》合在一起称"四书"。孟子的文章说理畅达、气势磅礴并长于论辩。孟子在人性问题上提出性善论。政治上提出

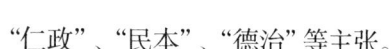

"仁政"、"民本"、"德治"等主张。

其名言：

故天降大任于斯人也，必先苦其心志，劳其筋骨，饿其体肤，空乏其身，行拂乱其所为，所以动心忍性，曾益其所不能。

养心莫善于寡欲。

虽有天下易生之物，一日暴之，十日寒之，未有能生者也。

天子不仁，不保四海；诸侯不仁，不保社稷；卿大夫不仁，不保宗庙；士庶人不仁，不保四体。

不以规矩，不成方圆。

权，然后知轻重；度，然后知长短。

人有不为也，而后可以有为。

其进锐者，其退速。

祸福无不自己求之者。

君子不怨天，不尤人。

富贵不能淫，贫贱不能移，威武不能屈，此之谓大丈夫。

修为经

修为释义:

指一个人的修养、素质、能力。修为是一种心性的锻炼,一种透过人生表象到心境的工夫;修正错误的举止言行,观察思考与探讨开发一切善法,达成圆满精神世界的研究和实践过程。孔子主张人应在人世间寻求与他人的契合,在求诸他人之时首先求诸自身:我是否做到了?以此感化世人,引导世人。

睡如弓,立如松。行如风,坐如钟。心要平,气要通。先睡心,后睡眼。眼不见,嘴不馋。耳不听,心不烦。宁走远,不走险。岸到处，便离船。轻财帛[1]，淡名利。贵诚实，守信义。重人格，知廉耻。侠肝胆，有正气。每见利，要思义。

己所不欲，勿施于人[2]。贫贱不移，富贵不淫[3]。人要心正，树要根正。哀其不幸，怒其不争。横眉冷对，爱憎分明。醉生梦死，枉度人生。

有所作为，磊落光明。以诚感人，人亦诚应。阴谋害人，自己不幸。但行好事，莫问前程。平静如水，正直如绳。

正人正己，修身正心。万丈高山，起自微尘。惟贤惟德，能服于心[4]。俭以养德，静以修身。光明磊落，出类拔群。严于律己，宽以待人。烈火炼金，逆境炼人。人死留名，草死留根。兰风梅骨，剑胆琴心[5]。一言九鼎，

一字千金。千槌打锣，一槌定音。小时偷针，大时偷金。饭多伤胃，话多伤心。云山风度，松柏精神。良操美德，玉品金心。金无足赤，人无完人。游谈损德，多言伤神。不能正己，安能化人[6]。勇士责己，懦夫怨人。

床头金尽，壮士无颜[7]。钟在寺里，声在外边。人各有心，心各有见。一毫之善，与人方便。无辩息谤，无争止怨。欠债要清，许愿要还。取人之长，补己之短。和者无仇，恕者无怨。雨中送伞，雪中送炭。

榜上无名，脚下有路。有了初一，必有十五。早知今日，何必当初。小洞不补，大洞吃苦。

淡泊名利，一清如水。百善可做，一恶莫为。穷勿信命，病勿信鬼。不知深浅，切勿下水。

中外圣贤传 修为经

一言既出，驷马难追[8]。恶狗畏棍，恶人惊雷。

惠不在大，济人之急。先学耐烦，切莫使气。人无廉耻，枉披人皮。性躁心粗，一生不济。眼观六路，耳听八方。二虎相斗，必有一伤。勿攻人短，莫矜己长。逸态闲情，惟期自尚。壁立千仞，无欲则刚。忘恩负义，禽兽之徒。亏人是祸，饶人是福。天眼恢恢，报应甚速。

憾事人人有，好事古难全。古来冤枉事，皆在路途间。谨防怒里性，慢发喜中言。客来茶当酒，人好水也甜。

若要人不闻，除非己不言。有容德乃大，无欲心自闲。高洁寒梅笑，清白荷花欢。行修而名立，理得则心安。轻诺必寡信[9]，多易必多难。

工欲善其事，必先利其器[10]。宁笑在最后，不笑在第一。举世好奉承，奉承非佳意。

忠心天地鉴，诚意江河长。乾坤容我静，名利任他忙。岁去人头白，秋来树叶黄。子系中山狼，得志便猖狂。一粒老鼠屎，搞坏一锅汤。

坏人不可怕，小人最难防。得意走官场，失意写文章。淡中交耐久[11]，静里寿延长。有功不自恃，栽树不乘凉。

没有汗珠淌，哪来饭菜香。心安茅屋稳，胃好菜根香。身正影子端，心静自然凉。人争一口气，佛争一炷香。

是草都有根，是话都有因。久在江边站，必有望海心。近水知鱼性，近山识鸟音。人事有代谢，往来成古今。再三须慎意，

中外至贤经 修为经

第一莫欺心。让人非我弱，得志莫离群。海枯终见底，人死不知心。威武不能屈，权势不能侵。木偶能跳动，自有提线人。人言未必真，听话听三分。邪不能胜正，假不能当真。吃得苦中苦，方为人上人。

贱力得人敬，贱口讨人憎。一朝被蛇咬，十年怕草绳。瘦田没人耕，耕开多人争。心田先祖种，福地后人耕。人生重结果，种田看收成。欲速则不达，功到自然成。急流能勇退，与世皆无争。野火烧不尽，春风吹又生。不从忧患始，难望事业成[12]。

若要人不知，除非己莫为。自知不自贱，自爱不自贵。德厚者流光，德薄者流卑。明知不是伴，事急且相随。脚长沾露水，嘴长生是非。行得夜路多，终会遇着鬼。患生于所忽，祸生于细微。

树倒须人扶，人弱要人护。是非终日有，不听自然无。务要见景生情，切莫守株待兔。天有不测风云，人有旦夕祸福。人有逆天之时，天无绝人之路。走尽崎岖之路，自是平坦之途。

救寒莫如重裘[13]，止谤莫如修身。不蹈无人之室，不入有事之门。修德不期获报，自然梦稳心安。凡事由其自然，遇事处之泰然。得意之时淡然，失意之时坦然。艰辛曲折必然，历经沧桑悟然。修己以清心为要，涉世以慎言为先。成事在理不在势，服人以诚不以言。人生知足何时足，到老偷闲且是闲。

有事但逢君子说，是非休听小人言。谗言败坏真君子，美色消磨狂少年。世事每从宽处乐，人伦常在忍中全。

不作风波于世上，但留清白在人间。勿因群疑阻独见，勿任己意废人言。大风吹倒梧桐树，自有旁人说长短。毛毛细雨湿衣裳，流言蜚语伤好汉。患得患失前路窄，心底无私天地宽。

莫学蜘蛛各牵网，要学蜜蜂共采花。非义之财不着家，未曾到手祸先发。早成者未必有成，晚达者未必不达。明人不算命相面，君子不求签问卦。

牢骚太盛防肠断，风物长宜放眼量[14]。小善不足掩众恶，大树底下好乘凉。若能杯水如名淡，应信山茶比酒香。生姜还是老的辣，八角也是老的香[15]。井淘三遍吃水甜，人从三师武艺强。

能言不是真君子，善处方为

大丈夫。大圣贤决非愚腐，真豪杰断不粗疏。强将手下无弱兵，骏马蹄下无遥途。今年笋子来年竹，少壮体强老来福。须知国破家无寄，岂有舟沉橹独浮。万事劝人休计较，从来好事不如无。劝君莫做独醒人，烂醉花间应有数[16]。人情似水分高下，世事如云任卷舒。

能自得时还自得，到无心处便无忧。时来天地皆同力，运去英雄不自由。月过十五光明少，人到中年万事休。抽刀断水水更流，举杯消愁愁更愁。

君子忧道不忧贫，君子修行先修身。易涨易退山溪水，易反易覆小人心。画虎画皮难画骨，知人知面不知心。逢人且说三分话，未可全抛一片心。人间岁月闲难得，天下知交老更亲。随时莫起趋时念，脱俗休存矫俗心。看破世事惊破胆，伤透人情寒透心。

无限朱门生饿殍，几多白屋出公卿[17]。苦辣酸甜皆自品，是非功过任人评。白布落在染缸内，黄河之水洗不清。

须知叶落根未死，待看春来芽又生。万丈高楼从地起，千年古树靠根撑。只有冻死之苍蝇，没有累死之蜜蜂。

只有千里好名声，没有千里穷威风。自古骄兵多致败，从来轻敌少成功。为人莫学墙头草，要做石山一棵松。棋逢敌手难藏幸，将遇良才好用功。

用心事自无难易，行道人当有始终。无欲常教心似水，有言自觉气如虹。年年岁岁花相似，岁岁年年人不同。一回相见一回

老，等得几时为弟兄。千年事业
方寸内，万里乾坤掌握中。

注解

[1]帛（bó）：丝织物。曾在古代作为
实物货币使用。

[2]孔子的名言。欲：希望；勿：不
要；施：施加。意为自己不希望他人对待
自己的言行，自己也不要以此对待他人。

[3]贫困低微不失志气人格，钱多位
高不奢侈靡乱。

[4]只有贤能、道德高尚的人才能让
人信服。

[5]剑胆琴心：喻既有情致，又有胆
识。旧小说中多用来形容能文能武的才子。

[6]化：教化。

[7]喻钱财花光散尽，生活窘迫，
致使大丈夫很没有脸面。出自唐·张籍
《行路难》。

[8]一句话说出了口，就是套上四匹
马拉的车也难追上。形容话已说出，就
无法追回或说话算数。

[9]不履行承诺者，必无诚信可言。

[10]直译为：要想把工作做得完善，先得备好工具。

[11]平淡中交往持久。所谓君子之交淡如水。

[12]做事从一开始就要有忧患意识，否则难以成功。

[13]裘（qiú）：皮衣。狐~，集腋成~。避寒保暖衣裳为重。

[14]风物：风光景物。出自毛泽东诗《七律·和柳亚子先生》。直译是牢骚太多伤身，应以阔大的胸怀看待人世间万事万物。

[15]八角：一种做菜的香料。

[16]意思是劝人要趁好花尚开的时候，在花间痛饮消愁。这是受到重大刺激的反应. 是对失去美与爱的更大的痛心。

[17]朱门：富贵人家。殍（piǎo）：饿死的人。白屋：用白茅草盖的屋。泛指清贫人家。全句意指贫富无常。富贵人家会衰败潦倒，而许多贫寒家庭出了显贵的大人物。

　荀子（约前313—前238），名况，字卿；因"荀"与"孙"二字古音相通，故又称孙卿。战国时期赵国郇氏（今山西临猗县）人。荀子是中国古代著名思想家、文学家、政治家，儒家代表人物之一。时人尊称"荀卿"。荀子与孟子的"性善论"相反，提出"性恶论"。其对儒家思想有所发展，对重整儒家典籍也有相当的贡献。

　荀子的思想偏向经验以及人事方面，关注社会秩序，反对神秘主义，重视人为的努力。孔子中心思想为"仁"；孟子中心思想为"义"；荀子继二人后提出"礼"，重视社会上人们行为的规范。荀子认为人与生俱来就想满足欲望，若欲望得不到满足便会发生争执，因此主张人性本恶，须由圣王及礼法来"化性起伪"，提高人格。

其名言：

非我而当者，吾师也；是我而当者，吾友也；谄谀我者，吾贼也。

天行有常，不为尧存，不为桀亡。

目不能两视而明，耳不能两听而聪。

道虽迩，不行不至。事虽小，不为不成。

锲而舍之，朽木不折；锲而不舍，金石可镂。

蓬生麻中，不扶而直；白沙在涅，与之俱黑。

故不积跬步，无以至千里；不积小流，无以成江海。

青，取之于蓝，而青于蓝。冰，水为之，而寒于水。

　　韩非子（约前281—前233），战国
末期韩国人（今河南省新郑）。韩国公
子（即国君之子），中国古代著名的哲
学家、思想家、政论家和散文家，法家
思想集大成者。后世称"韩子"或"韩
非子"。韩非子继承和总结了战国时期
法家的思想和实践，提出了君主专制中
央集权的理论。他主张"事在四方，要
在中央；圣人执要，四方来效"。国家
的大权，要集中在君主（"圣人"）一人
手里。君主必须有权有势，才能治理
天下。他强调制定了"法"，就要严格
执行，任何人也不能例外。做到"法不
阿贵"，"刑过不避大臣，赏善不遗匹

夫"。《韩非子》一书，重点宣扬了韩非法、术、势相结合的法治理论，达到了先秦法家理论的最高峰，为以后的封建专制制度提供了理论根据。自秦以后，中国历代封建王朝的治国理念都颇受韩非子学说的影响。

《韩非子·五蠹》涉及到人口增长方面理论，比西方经济学家马尔萨斯1798年发表的《人口学原理》提前了约两千年。韩非是人口几何级数增长论的先驱。

其名言：

民之性，饥而求食，劳而求快，苦则求乐，辱则求荣，生则计利，死则虑名。

道私者乱，道法者治。

胜而不骄，败而不怨。

千里之堤，溃于蚁穴。

不吹毛而求小疵。

胜而不骄，败而不怨。

欲速则不达。

处事经

处事释义：

即如何做人，如何处事，如何与他人相处。看似简单，行之不易。这涉及到做人原则和生活态度。首先要学圣贤之人，做到力求无愧于心，做人做事堂堂正正；海纳百川、正直、诚恳、诚信，品格第一。"无欲则刚。"这一警语亦为立身行事之本。在平常生活中，宽容、包容、和谐，微笑也是"为人处世"的法宝。

集众思，广忠益[1]。和为贵，识大体。人相处，贵诚谦。待人宽，律己严。说好话，存好心。行好事，做好人。人好刚，我以柔胜之。人用术，我以诚感之。人使气，我以理屈之。人人为我，我为人人。扬汤止沸，不如釜底抽薪[2]。闹里找钱，静处安身。义动君子，利诱小人。利令智昏，灾祸上身。

借债要忍，还债要狠[3]。披麻救火，惹火烧身。欲成大事，必则小忍。谨慎从事，低调做人。功不独占，过不推人。火要空心，人要虚心[4]。

心静情逸，心动神疲。辨别是非，认识大体。爱在心里，恨在面皮。他既负心，我也改意。看菜吃饭，量体裁衣。疑人不用，用人不疑。瘦狗莫踢，病马莫骑。

明枪易躲，暗箭难防。明修栈道，暗度陈仓[5]。喜怒哀乐，皆成文章。施恩勿念，受恩莫忘。见可而进，知难而退。

闲事休管，无事早归。舒心之酒，千杯不醉。知心之话，万言不赘。弓既在手，箭在必发。先抓西瓜，后捡芝麻。胆大如斗，心细如发。传言过话[6]，自讨挨骂。小利不争，小怒不发。不忍不耐，小事成大[7]。

留得青山在，不怕没柴烧。大树砍不倒，小草站不牢。劣才难成器，朽木不可雕。和得邻里好，如同拾到宝。闲时不烧香，急时抱佛脚。生气催人老，一笑十年少。劝君莫烦恼，烦恼人易老。有理言自壮，负屈声自高[8]。脑越用越灵，手越用越巧。口是祸之门，舌是斩身刀[9]。闭嘴深藏舌，安身处处牢。

懒牛屎尿多，懒人明天多。心宽忘屋窄，野旷得天多。有毒的不吃，犯法的不做。人在家中坐，祸从天上落。明日复明日，明日何其多。我生待明日，万事成蹉跎。劝君少于名，名为锢身锁。劝君少求利，利是焚身火。

公说公有理，婆说婆有理。途穷天地窄[10]，乱世生死易。心正邪不扰，身正恶难欺。你对人无情，人对你无义。你目中无人，人目中无你。过河莫拆桥，上楼休撤梯。有错不怕改，得病莫忌医[11]。做事要在理，煮饭要有米。他有关门计，我有攀墙梯。

谦可平人怒，让可息祸殃。射人先射马，擒贼先擒王。先下手为强，后下手遭殃。坐吃如山崩，游嬉则业荒。晴天带雨伞，饱肚存饥粮。幸逢闲岁月，潇洒度时光。怪人须在腹，相见又何妨。见善如不及，见恶如探汤[12]。坏人会装腔，豺狼会装羊。

出门不带钱，到处惹人嫌。未晚先投宿，鸡鸣早看天。待小人宜宽，防小人宜严。火到猪头烂，有钱事好办。糊涂账长算，家务事难断。打人休打脸，骂人休揭短。同行不揭短，揭短砸人碗。你当你的官，我耕我的山。好饭不怕晚，趣话不嫌慢。鸡多不下蛋，媳多懒洗碗。吃人家的饭，看人家的脸。端人家的碗，受人家的管。

木无水必枯，水无源必竭。常在河边走，哪有不湿鞋。谗言不可听，听之祸殃结。君听臣遭诛，父听子遭灭[13]。夫妇听之离，兄弟听之别[14]。

穷不与富斗，富不与官争。世上无鬼神，百事人做成。世事无绝对，爱拼才会赢。长衫有人穿，长话无人听。大意失荆州，

中外圣贤传 处事经

骄傲失街亭[15]。性急嫌路远，心闲路自平。

与其坐着说，何如起来行。为人尚正直，处事贵公平。一日动干戈，十年不太平。气是无名火，忍是敌灾星[16]。量小名利重，心宽财物轻。人有心头病，猫叫也心惊。

路不铲不平，事不为不成。人不劝不善，钟不敲不鸣。未渴先掘井，补漏趁天晴。有风方起浪，无潮水自平。世路由它险，居心任我平[17]。

祸在于贪小利，害在于亲小人。君子当权造福，小人仗势欺人。谗言败坏君子，冷箭射死忠臣。宁可得罪君子，切莫得罪小人。下情难于上达，君子不耻下问。德胜才为君子，才胜德为小人。大着肚皮容物，立定脚跟做人。做事须循天理，出言要顺人心。大家做事寻常，小家做事慌张。河有九曲八弯，人有三衰六旺。青年饱经忧患，老来不畏风霜。

只有大意吃亏，没有小心上当。有灯掌在暗处，有钢使在刃上。英雄出于四野，好汉常在八方。圣人有人诽谤，恶魔有人颂扬。口上仁义道德，心里男盗女娼。律身惟廉为宜，处世以诚为尚。

处世惟求敬人，逢人各道平安。奴气讨人厌烦，忠诚令人喜欢。事亲须当养志，爱子勿令偷安。世路如今已惯，此心到处悠然。牛无力拉横耙，人无理说横话。不怕红脸关公，就怕抿嘴菩萨。能领千军万马，不干文艺杂耍。茄子不开空花，男儿不说空话。处常时胆要小，处变时胆要大。不拘张三李四，都来锦上添花。前留三步好走，后留三步好行。浑水越澄越清，是非越辩越明。受训不如顺情，恭敬不如从命。酒醉总有一醒，财迷永无止境。能脱俗便是奇，不合污便是清。时间就是金钱，效率就是生命。

为人处世两件宝，和为贵来忍为高。话如箭越直越好，计如弓越曲越妙。做人莫学无砣秤，三分成绩尾就翘。一柱擎天头势重，十年踏地脚根牢。待人宽三分是福，处世让一步为高。

梅开二度为争春，人活一世要求真。谁人背后无人说，哪个人前不说人。成人之美真君子，嫉贤妒能是小人。见火不灭火烧身，见蛇不打蛇咬人。树大招风风撼树，人为高名名丧人。话到舌尖留半句，事从礼上让三分。马上摔死英雄汉，河中淹死会水人。让饮酒时就饮酒，得饶人处且饶人。山高自有客行路，水深自有船渡人。持家有道惟忠厚，处世无奇但率真。近水楼台先得月，向阳花木早逢春。观棋不语真君子，把酒多言是小人。

发财之路诱惑多，一时不慎进漩涡。知事少时烦恼少，识人多处是非多。世事茫茫如大海，人生何处无风波。讲别人口若悬河，说自己嘴上缝索。

好汉做事好汉当，哪有嫂嫂替姑娘。平生只会说人短，何不回头把己量。隐逸林中无荣辱，道义路上泯炎凉。

处事乐观身自健，与人交往礼在先。大事相商非吵闹，小事相让暖心田。为人处事讲诚信，满嘴谎话交友难。

忍难忍处方是忍，容可容人

未是容。多行不义必自毙，多做好事有善终。待人要和中有介，处事要方中有圆[18]。行事要精中有果，认理要正中有通[19]。

做事须用十分力，闲谈毋过五分钟。万物静观皆自得，四时佳兴与人同[20]。忠臣视死无难色，烈女临危有笑容。举世不知何足怪，力行无顾是豪雄。笋因落箨方成竹，鱼为奔波始化龙[21]。

各人自扫门前雪，不管他人瓦上霜。有无不争家之乐，上下相亲国乃康。别人求我三春雨，我去求人六月霜。

人遇误解休怨恨，事逢得意莫轻狂。乌云遮不住太阳，冰雪锁不住春光。群雁无首难成行，羊群走路看头羊。马虽有千里之能，无人则不能自往。

走马有个前蹄失，急水也有

回头浪。贫无达士将金赠，病有高人说药方。

无理说声对不起，有理休把别人欺。处事何妨真面目，待人总要大肚皮。为人莫做千年计，三十河东四十西。一双冷眼看世人，满腔热血酬知己。

无事不登三宝殿，有钱难买一身安。好言一句三冬暖，恶语出唇六月寒。知音说与知音听，不是知音莫与弹。

钱财入手非容易，失处方知得处难。知足是人生一乐，无为得天地自然。

世道沧桑几多忧，乱世纷纷争不休。莫视额头增白发，笑谈人生悲与愁。修身养性淡名利，苦中求乐度春秋。超凡脱俗无与求，平心静气万事休。

人情似纸张张薄，世事如棋

局局新。有酒大家喝才香，有话当面说才亲。不学灯笼千个眼，只学蜡烛一条心。

好事尽从难处得，成功莫向易中寻。进退两难心问口，三思忍耐口问心。亏心折尽平生福，行短天教一世贫。

欲论古来兴废事，须平自己是非心。无易事自无难事，能虚心方能宽心。力到处常行好事，力欠处常存好心。知事晓事不多事，太平无事。忍人让人不欺人，方可为人。

注解

[1]集中众人智慧，广纳有益的意见。

[2]汤：热水。釜（fǔ）：锅。薪：柴火。把开水舀起再倒回去使它凉下来，不如抽掉锅底的柴火。

[3]借钱要三思而行，还贷要干净

利落。

[4]烧火要架空透气，火才烧得旺。

[5]栈道（zhàn dào）：石壁上凿孔架木而建成的窄道。陈仓：古地名。楚汉之争时，刘邦依从张良计，明地里修栈道引起霸王项羽注意，暗地里却偷袭陈仓获胜。

[6]传播流言蜚语。

[7]缺乏忍耐，会把事情弄得更糟。

[8]负屈：委屈。负屈含冤。

[9]意指祸从口出。

[10]途穷：路已走到尽头。比喻处境十分困难。

[11]忌（jì）：怕，畏惧。忌医：不愿医治。

[12]见到好事犹恐效法不及；见到坏事如开水烫手，不可为也。意同好善若渴，疾恶如仇。

[13]君主听信谗言，忠臣就被杀害；父亲听信谗言，孝子就被磨灭。

[14]恩爱的夫妻听了谗言就会离散，友爱的兄弟听了谗言就会反目。

[15]三国时，蜀国大将关羽由于粗心大意失守荆州重镇；蜀将马谡也因骄傲自

负，丢失要塞街亭。

[16]无名火：没有来由的怒火。敌：抵挡，抗拒。

[17]居心：安宁之心。我心安然平静。

[18]和者，和气；介者耿介，刚直。待人接物既要宽容和蔼，但也不能失了原则。方者正直，圆者圆活。既讲原则，又能变通。

[19]精者，精打细算；果者，斩钉截铁。正者，正大光明、正道直行；通者，灵活变通。

[20]表达了一种随遇而安、怡然自乐的人生观，其中的"万物静观皆自得，四时佳兴与人同"更是道出了一种"淡泊以明志，宁静而致远"的人生境界。

[21]箨（tuò）：笋壳。幼笋因一次次落箨而脱胎成翠竹挺拔；鲤鱼因一次次奋跃而幻化成飞龙在天。

苏格拉底（Socrates，前469—前399），著名古希腊哲学家。他和他的学生柏拉图及柏拉图的学生亚里士多德并称"希腊三贤"。

苏格拉底的学说具有神秘主义色彩，认为天地间事物的生存和毁灭都有定数，不可渎神。因此，他集中精力研究伦理道德问题，倡导"知德合一"。

苏格拉底认为正确的行为来自正确的思想，美德基于知识，源于知识，没有知识便不能为善，也不会有真正的幸福。从怀疑自己的知识开始的自我认识是认识美德的来源。对于宇宙人生，他常常宣称："我所知道的乃是

我一无所知。"其对欧洲思想史有着极大的影响。

政治上,苏格拉底主张各行各业乃至国家政权都应该由经过训练、有知识才干的人来管理。

其名言:

我所知道的,乃是我一无所知。

逆境是人类获得知识的最高学府,难题是人们取得智慧之门。

德性就是知识或美德。

这个世界上有两种人,一种是快乐的猪,一种是痛苦的人。做痛苦的人,不做快乐的猪。

教育不是灌输,而是点燃火焰。

暗恋是世界上最美丽的爱情。

无知即罪恶。

别人为食而生存,我为生存而食。

智慧意味着自知无知。

中外圣贤俊人物

　　柏拉图（Plato，前427—前347），古希腊伟大的哲学家，也是全部西方哲学乃至整个西方文化最伟大的哲学家和思想家之一。其柏拉图主义、柏拉图式爱情、经济学图表等，都给后世留下了广泛而深刻的影响。

　　柏拉图出身于雅典贵族，师从苏格拉底，一生著述等身。其教学思想主要集中在《理想国》和《法律篇》中。

　　柏拉图在教育史上第一次提出了"四科"（算术、几何、天文、音乐），成为古希腊课程体系的主干和导源。他注重在教学中发展学生的思维能力，强调探讨事物的本质。这些都给后

世教育家们巨大的影响和启迪。

柏拉图是西方客观唯心主义的创始人,其哲学体系博大精深。柏拉图认为世界由"理念世界"和"现象世界"所组成,并将此作为教学理论的哲学基础。

其名言:

不知道自己的无知,乃是双倍的无知。

尊重人不应该胜过尊重真理。

有理想在的地方,地狱就是天堂。

有希望在的地方,痛苦也成欢乐。

只要有信心,人永远不会挫败。

贪婪是最真实的贫穷,满足是最真实的财富。

世上最累人的事,莫过于虚伪地过日子。

觉得自己做得到或做不到,其实只在一念之间。

读书释义：

　　读书是一种心灵的活动，是一种交流。读书会让人开阔视野，丰富阅历，求知求真，益于人生。读书还得会读书。光读书不思考，会变成书的奴隶；光思考不读书，也是架空所学，得不到真的认知。所以治学之道，既要善于读书，也要善于思考，才能从书中获得真知。学以致用更为重要。中华先圣孔子曰：朝闻道，夕死可矣。这应该是读书目标的最高境界了。

　　读书法，有三到。心眼口，都得要。心要静，眼要明。口要叙，房要静。几案洁，笔砚正。

虽有急，卷束齐。心有疑，随札记[1]。就人问[2]，求确义。勿自暴，勿自弃。圣与贤，可驯致[3]。此未终，彼勿起。求学者，贵恒心。磨铁杵，可成针。犬守夜，鸡司晨[4]。苟不学[5]，难为人。教不严，师之惰[6]。养不教，父之过。家虽贫，学不辍[7]。玉不琢[8]，不成器。人不学，不知义[9]。勤磨砺，莫贪逸。

子不学，非所宜。亲师友，习礼仪。读一书，增一智。三人行，有我师。树不修，长不直。人不学，没知识。人之初，性本善。性相近，习相远[10]。苟不教，性乃迁[11]。

先学爬，后学走。好记性，烂笔头。头悬梁，锥刺股[12]。知无涯，学为舟。莫等闲，白了头。海有边，山有路。学无涯，莫停步。不耻下问，学无常师。见贤思齐，闻过则喜[13]。敏而好学，三十而立。教学相长，能者为师。举一反三，闻一知十。学无前后，达者为师。读圣贤书，行仁义事。苦心孤诣，有的放矢[14]。温故知新，日省月试。

独树一帜，树碑立传。学而不厌，诲人不倦。有则改之，无则加勉。酒多人癫，书多人贤。读书百遍，其义自见。十年树木，百年树人。国之大计，教育为先。为人师表，明德惟馨[15]。

书山有路，天道酬勤[16]。潜移默化，春风化人。废寝忘食，枕典席文[17]。目不窥园，聚精会神[18]。逆水行舟，知难而进。行成于思，书读于勤。书囊无底，不耻下问。学贵有疑，大疑大进。闻而不审，不若无闻。听书长智，看戏乱心。天地为大，亲师为尊。传承文明，生生不息。

博大精深，璀璨瑰丽。龙凤为图，汉字为记。典章文物，经史子集。文化积淀，书不尽意。博览群书，通天彻地。薪火相传，百世一系。好学深思，心知其意。

读书求理，造烛求明。传统文化，批判继承。融会贯通，去粗存精。锲而不舍，持之以恒。厚积薄发[19]，学无止境。著书立说，各显其能。叶公好龙，徒有虚名[20]。山不在高，有仙则名。水不在深，有龙则灵。物华天宝，人杰地灵。得心应手，意到便成。不懂装懂，永世饭桶。学贵心悟，守旧无功。勤学苦读，学贵有恒。八仙过海，各显神通。

不吃饭则饥，不读书则愚。秀才不出门，便知天下事。循序

而渐进，熟读而精思。知识生力量，实践出真知。读书不温习，雨过湿地皮。酒是治愁药，书是睡眠媒。博览增知识，钱财惹是非。兴来常对酒，意到即成书。老人不讲古，后生会失谱。闲陪诗客语，静读圣贤书。欲知天下事，须读古今书。学问之果甜，学问之根苦。

同君一席话，胜读十年书。针越用越明，脑越用越灵。灯不拨不亮，书不读不明。学到知耻处，方知艺不精。幼年不勤学，耽误到终生。有书真富贵，无事小神仙。读书能见道，入世不求名。读书患不多，思义患不明。谈笑有鸿儒，往来无白丁。自得书中趣，谁论世上名。生命有终结，学习无止境。进为天下利，退有百世名。有品德不贱，有学问不贫。不怕文人俗，就怕俗人文。立德齐今古，藏书教子孙。读书破万卷，下笔如有神。鸟宿池边树，僧敲月下门[21]。读书须用意，一字值千金。笔落惊风雨，诗成泣鬼神。

花开在春天，入学在少年。泉水挑不干，知识学不完。击石原有火，不击乃无烟。读书知识广，修德子孙贤。赶路怕脚懒，学习怕自满。不是撑船手，休要提篙竿。书中乾坤大，笔下天地宽。为学始知道，不学亦徒然。学在苦中求，艺在勤中练。

不怕学问浅，就怕志气短。人在山外觉山小，人进山中知山深。熟读唐诗三百首，不会作诗也会吟。若使年华虚度过，到老空留后悔心。事要成功须尽力，学无止境在虚心。苦中有乐求学路，难上生欢读书人。读书全在自用心，老师不过引路人。日月两轮天地眼，诗书万卷圣贤心。三更灯火五更鸡，正是男儿读书时。书中自有颜如玉，书中自有黄金屋。好曲不厌百回唱，好书不厌百回读。

十年窗下无人问，一举成名天下知。藏书万卷可教子，遗金满屋常为灾。之乎者也矣焉哉，用得成章好秀才。书到用时方恨少，事非经过不知难。自古学问无遗力，少壮功夫老始成[22]。

茶亦醉人何必酒，书能香我不须花。心专才能绣得花，心静才能织得麻。要学蜜蜂采百花，问遍百家成行家。蚂蚁爬树岂怕高，有心学习不怕老。勤学者如禾如稻，不学者如蒿如草。辛苦莫忘晨夜读，有味诗书苦后甜。

有酒当能醉三日，无书难以过一天。读有益书精力旺，行无愧事梦魂安。无事且从闲处乐，有书时向静中观。山上石头能背尽，世上知识学不完。耳聪不学犹如聋，目明不学近乎盲。

事以利人皆德业，言能益世即文章。万事莫如为善乐，百花争比读书香。为人性僻耽佳句，语不惊人死不休[23]。书山有路勤为径，学海无涯苦作舟。日日行不怕千万里，时时学不怕千万卷。

注解

[1]札（zhá）记：文体名。读书时摘记要点、心得或随时记录所闻所见。古时称小木简为札，将文字一条一条记在札上，称为札记。

[2]就人问：便去问人。

[3]驯致（xùn zhì）：逐渐达到。

[4]司晨：报晓。

[5]苟：如果。

[6]惰（duò）：懒，不敬业。

[7]辍（chuò）：中途停止。

[8]琢（zhuó）：雕。

[9]义：道义。先贤孔子最早提出了"义"。孟子则进一步阐述了"义"，"君子喻于义，小人喻于利"。

[10]习相远：后天的学习不同，性情也就有了差别。

[11]性乃迁：良善的本性会变坏。

[12]汉朝儒学大师孙敬，儿时经常读书到深夜，怕睡着，将头发用绳子系在屋梁上。战国时苏秦每天读书到深夜，每当昏昏欲睡，就用锥子刺一下大腿。

[13]见到贤能的人，就想看齐；听到自己的不足与缺点，也感到高兴，因为可以改正。

[14]苦心孤诣（yì）：指苦心钻研，达到别人不及的境地。的：箭靶；矢：箭。有靶放箭。指教学要有目标。

[15]明德：美德；惟：是；馨：散发的香气。真正能够发出香气的是美德。

[16]"天道"即"天意"，可以引申为

客观的规律；酬：报酬、回报，意为天意厚报那些勤奋好学的人。

[17]指以典籍为伴，勤于读书学习。

[18]目不窥（kuī）园：专心致志，埋头苦读。

[19]厚积薄发：多多积蓄，慢慢放出。形容只有准备充分才能办好事情。

[20]叶公好（hào）龙：传说有个叫叶公的人，平时非常喜欢龙，但当真龙拜访时，他却吓跑了。比喻口头上说爱好某事物，实际上并不真爱好。

[21]语出唐朝贾岛，其为著名苦吟派诗人。传"推敲"二字便源于此。

[22]做学问应不遗余力；年轻时努力学习，到老年取得成功。

[23]性僻：性情乖僻，古怪。耽：爱好。我的僻性是特别喜欢写诗琢句，如果写不出惊人之语，那就至死也不肯罢休。

雨果（Victor Hugo，1802—1885），法国人道主义代表人物，19世纪前期积极浪漫主义文学运动领袖，法国文学史上卓越的资产阶级民主作家，被誉为"法兰西的莎士比亚"。

雨果17岁时在"百花诗赛"获得第一名，20岁时出版了诗集《颂诗集》。因歌颂波旁王朝复辟，获路易十八赏赐。之后他对波旁王朝和七月王朝都感到失望，成为共和主义者。

雨果写过许多诗剧和剧本，几部具有鲜明特色并贯彻其主张的小说，脍炙人口的《巴黎圣母院》便体现其博大的人文关爱情怀。雨果逝世后，

法国人民为这位伟大的作家举行了国葬。遗体被安葬在专门安放伟人的先贤祠。

其名言：

世界上最宽阔的是海洋，比海洋更宽阔的是天空，比天空更宽阔的是人的胸怀。

人的智慧掌握着三把钥匙，一把开启数字，一把开启字母，一把开启音符。知识、思想、幻想就在其中。

世人缺乏的是毅力，而非气力。

释放无限光明的是人心，制造无边黑暗的也是人心。

书籍是造就灵魂的工具。

多办一所学校，可少建一座监狱。

人类第一种饥饿就是无知。

道德是真理之花。

教育！科学！学会读书，便是点燃火炬；每个字的每个音节都发射火星。

陶渊明（约365—427），字元亮，号五柳先生，后改名潜。浔阳柴桑（今江西省九江市）人。东晋末期南朝初期诗人、文学家、辞赋家、散文家。

安贫乐道与崇尚自然，是陶渊明思考人生得出的两个主要结论，也是他人生的两大支柱。"安贫乐道"是陶渊明的为人准则。他所谓"道"，偏重于个人的品德节操方面，体现了儒家思想。崇尚自然是陶渊明对人生的更深刻的哲学思考。

陶渊明29岁曾任江州祭酒，不久即辞职。后江州再召其为主簿，他未就任，而辞官回家，从此隐居。陶渊明固

守寒庐，寄意田园，被称为隐逸诗人之宗，田园诗歌之祖。

陶渊明作品表现出超凡脱俗的人生哲学，冲淡渺远、恬静自然的艺术风格，为中国古典诗歌开创了一个新的境界。其作品有《饮酒》、《归园田居》、《桃花源记》、《五柳先生传》、《归去来兮辞》、《桃花源诗》等。这些都是其艺术化人生的写照。

其名句：

少无适俗韵，性本爱丘山。

误落尘网中，一去十三年。

结庐在人境，而无车马喧。

问君何能尔？心远地自偏。

采菊东篱下，悠然见南山。

山气日夕佳，飞鸟相与还。

此中有真意，欲辨已忘言。

羁鸟恋旧林，池鱼思故渊。

户庭无尘杂，虚室有余闲。

久在樊笼里，复得返自然。

为官释义：

做人有做人之道，为官有为官之道，守道者生，悖道者亡，自古至今，概莫如此。中华古国，历朝历代，处庙堂之高者，不乏清廉刚正之士，忧国忧民之官，风高亮节，传颂至今。

现代社会，大官小官，自谦为"公仆"。公仆者，民众之仆人是也。为官之道成为为"仆"之道，则政通人和，国运昌盛。此乃人民之福，公仆之福也。为官者须"吾日三省自身"，断不可忘了中外圣贤"诲汝谆谆"。

甘尽瘁，济世穷[1]。倡改革，世传颂。官为轻，民为重。权为

轻，责为重。名为轻，德为重。利为轻，义为重。

偏生暗，公生明。上致君，下泽民[2]。手不长，耳不软。眼不盲，腿不懒。索取少，多奉献。

其身正，不令而行。其身不正，虽令不从。贪似火，无制则燎原。欲如水，不遏必滔天。

把住自己的嘴，清静如水。拴住自己的腿，足不沾灰。管住自己的手，甘愿吃亏。收住自己的心，无私无畏。

待价而沽，择木而栖[3]。毛遂自荐，露才扬己。不辱使命，大勇大智。

前嫌尽释，同心戮力[4]。孙子兵法，奇正相生[5]。清心寡欲，与世无争。克勤克俭，身体力行。巧舌如簧，娴于辞令。令行禁止，富国强兵。鸿门赴宴，如履薄冰。

随机应变，虎口余生。招贤纳士，举贤使能。

陈言务去[6]，不平则鸣。廉洁奉公，堂堂正正。不在其位，不谋其政。大道之行，天下为公。内无妄思，外不妄动。人人好公，天下太平。

法家治国，政出一门。深藏若虚，独善其身。名家善辩，领异标新。高谈雄辩，绵里藏针。出神入化，莫测高深。

治不忘乱，安不忘危。巧言令色[7]，借刀杀人。万夫莫当，勇冠三军[8]。一以当十，雷霆万钧。广开言路，知人善任。生为人杰，叱咤风云。众望所归，发政施仁。

文公天祥，碧血丹心[9]。欧阳文忠，诗文革新[10]。司马君实，博古通今。

中外圣贤做为官经

荆公安石，变法维新[11]。与时俱进，开拓创新。周公吐哺，天下归心[12]。过则相规，言而有信[13]。立齐家志[14]，存忠孝心。

周虽旧邦，其命维新[15]。在官惟明，莅事惟平[16]。隆中对策，审时度势[17]。运筹帷幄[18]，决胜千里。文韬武略，经天纬地[19]。事必躬亲[20]，日理万机。鞠躬尽瘁[21]，死而后已。

明察秋毫，举重若轻。执法如山，不徇私情[22]。上不怨天，下不尤人[23]。仰天长叹，功败垂成[24]。前车之鉴，警钟长鸣。载舟覆舟，发人深省。

兼收并蓄，博采众长。风清弊绝，物阜民康[25]。英雄豪杰，志在四方。

人类环境，共存共亡。和平发展，时代方向。实事求是，解放思想。时进则进，时退则退。前事不忘，后事之师[26]。抓住机遇，改革开放。政通人和，百业隆昌。

君无戏言，官不悔变。人人营私，天下大乱。见微知著，防微杜渐[27]。官有公法，民有私约。流水不腐，户枢不蠹[28]。后生可畏，来者难诬[29]。重赏之下，必有勇夫。人心似铁，官法如炉。法有明文，情无可恕。

宁为鸡头，不为凤尾。百善可做，一恶莫为。王子犯法，与民同罪。

成则为王，败则为寇。太公钓鱼，愿者上钩。却私扶公，修身种德。大量能容，不动声色。心不负人，面无惭色。敲山震虎，打草惊蛇。止是小善，万分廉洁。一点贪污，便是大恶。

　　方若棋局，圆若棋子。动若棋生，静若棋死。方若行义，圆若用智。动若骋才，静若得意。

　　以财为草，以身为宝。本钱易寻，搭档难讨。心宽福厚，量小禄薄。

　　富多施舍，智勿炫耀。德行要好，风水甭讨。经师易遇，人师难找。善有善报，恶有恶报。不是不报，时候未到。时候一到，一切都报。

　　贪字似贫，婪字如焚。勤能补拙，廉能生威。两者兼备，事业腾飞。

　　一年之计，莫如树谷。十年之计，莫如树木。终身之计，莫如树人。淡以明志，静以修身。为官自律，甘心清贫。德惟善政，政在养民。无故无新，惟贤是亲。为政之要，贵在得人。得人之要，贵在用人。清廉之要，贵在砺人。廉者不腐，勤者不贫。上不愧国，下不愧民。坚持原则，依法说人。掌权为公，以廉服人。身体力行，以德服人。苦口婆心，以理服人。心系群众，以爱服人。

处世惟清，待人惟诚。多闻己过，广达民情。偏听则暗，兼听则明。

令在必信，法在必行。秉公执法，为民勤政。人无邪念，自然会正。民有公论，法无私情，政通人和，百废俱兴。财不可贪，欲不可纵。磊落从政，正步人生。

病从口入，腐从贪起。功在勤政，威在律己。正直坦荡，表里如一。正心为本，修身为基。尊其所闻，行其所知。

心无私欲，自然会刚。执政为民，民心所向。掌权为己，自

取灭亡。在官勿旷官，去官勿恋官。谦者知羞惭，君子胸坦然。常怀报国心，慎事拙言谈。安危思社稷[30]，荣辱共承担。浮躁招悔恨，志同为肝胆。为官须做相，及第必争先[31]。品行有高低，职业无贵贱。政以廉为本，家以和为先。人当重晚节，白首心勿贪。有多大的头，戴多大的帽。俸薄俭自足，官小清自高。

人活一口气，树活一张皮。文官不爱钱，武官不惜死。清廉源节俭，贫贱如华侈。官有十条计，九条民不知。惟有圈中人，才知圈中事。行船不端，风浪毁之。为官不廉，百姓弃之。

脚大走路稳，官大表就准。莫道君行早，更有早行人。官清民接近，主雅客来勤。伴君如伴虎，刻刻要当心。隐士不可仿，政客不可近。人皆因禄富，我独以官贫。做官先做人，万事民为本。三思方举步，百折不回头。为官不怕官，掌权心要正。山高无坦途，树大遭悲风。放眼看天下，欢颜向人生。

民怕兵匪抢，官怕纱帽丢。见庙要烧香，遇佛要磕头。结有德之朋，绝无义之友。逢桥须下马，有路莫登舟。

为天地立心，为生民立命。政声人去后，民意闲谈中。乃知国家事，成败固人心[32]。变法则民生，变法则维新。

酒是穿肠箭，色是刮骨刀。赌是万恶源，财是迷魂药。有公德乃大，无私品自高。

大节不可失，小节不可纵。为政重在廉，做人重在诚。清廉近乎威，公平近乎明。好学近乎

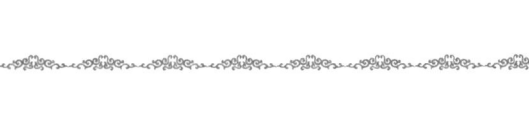

智，知耻近乎勇。勤勉近乎才，为民近乎忠。当记苍生苦，不忘鱼水情。

执政莫忘本，得志莫骄横。源清流自洁，身直行始正。

做人要自醒，从政要自警。坦然看世界，磊落度人生。俭为廉之本，奢为贪之源。

权是双刃剑，荣辱两边沾。吃喝嫖赌财，请君莫贪恋。利欲轻鸿毛，名节重泰山。

威与信并行，德与法相济。简能而任之，择善而从之。说话重在信，办事重在实。坦言不奉承，廉洁不贪利。

廉洁方能聚人，律己方能服人，身正方能带人，无私方能感人。赤胆忠心为民，廉洁奉公行政。铜臭铸就镣铐，清廉闪亮人生。多植荷花塘自清，勤反腐败政自明。识时务清廉政务，通人情不徇私情。

人无骨气五尺肉，心不染尘千秋魂。笋生瘠土仍怀节，竹揽长空更虚心。廉如清风常拂面，贪似毒药蚀灵魂。

为官应立公仆志，从政最贵爱民心。淡泊名利如清茶，一杯静心正自身。常闻贪欲丢性命，但能守廉得民心。

惨痛教训警自己，沉重代价唤别人。功高不泯忠贞志，位尊更坚公仆心。为官者必先为德，从政者必定从民。

权大不忘责任重，位高不移公仆心。甘守清廉报家国，不为贪赃羞儿孙。

瞻前利国有豪气，顾后为民无愧心。百代兴盛依清正，千秋基业仗民心。

浮华虚荣是堕落，廉政敬业为宝典。新松恨不高千尺，恶竹应须斩万竿。

秉公执法威自显，善听民言政更廉。身闲性懒莫从政，品劣心贪休做官。

须应富而兼有德，不该穷得只存钱。才能济世何须位，学不宜民枉为官。千锤万凿出深山，烈火焚烧若等闲。粉身碎骨全不怕，要留清白在人间。生前博得万民爱，不唤清风自然来。

警钟长鸣筑防线，防微杜渐保晚节。摆正公心防私心，点点私心毁名节。芳林新叶催陈叶，流水前波让后波。草生峰巅不显岸，松长谷底仍高洁。

先天下之忧而忧，后天下之乐而乐。呕心沥血万次少，贪赃枉法半回多。心诚不在酒宴盛，事实何须文墨多。读书是修身之道，守廉乃为官之德。

勤政廉政人和谐，亲民爱民富民生。一身正气品如山，克勤克俭两清风。胸怀似水任劳怨，明矾入水浊亦清。枕边常吹廉政风，一生清廉保太平。

莫怨清廉淡滋味，应愁贪婪铁窗泪。反腐莫论事大小，倡廉不在位高低。维护公平得人心，伸张正义顺民意。戒酒戒色戒贪欲，律己律妻律子女。清正廉洁无所惧，坚持原则人心聚。苟利国家生死以，岂因祸福避趋之。

正气是人的形象，骨气是人的脊梁。朝气是人的希望，勇气是人的力量。鱼为诱饵而吞钩，人为贪婪而落网。位不在高廉政则名，权不在大为民则灵。戒贪，贪则无品。戒骄，骄则无知。戒惰，惰则无进。不勤，无以成就事业。不廉，难以凝聚人心。

从政，应德厚才高身正。治国，当吏清法严政明。坐井观天，只有一孔之见。登山望远，方知天外有天。乐道己善，何如乐道人善。

对失意人，莫谈得意事。处得意日，莫忘失意时。在世一日，做一日好人。为官一天，办一天好事。人必自侮，而后人侮之。家必自毁，而后人毁之。国必自伐，而后人伐之。金杯银杯，不如老百姓口碑。金奖银奖，不如老百姓夸奖。

财欲、物欲、人欲、贪欲是腐败之源。公开、公正、公平、公心乃廉政之基。恭谨自省，明察治乱兴衰。以史为鉴，熟念重民安民。不懂风俗人情，干事创业难成。宁进一寸以死，不退一尺求生。名声使人骄傲，权势使人专横。

一戒奢侈贪婪，二戒徇私受贿。三戒用非其人，四戒骄矜邀功。五戒佞谗之人，六戒独断专行。水至清则无鱼，人至察则无徒[33]。

一分胆量一分福，百分胆量做总督。踏破铁鞋无觅处，得来全不费工夫。不顾自身荣和辱，敢为人民鼓与呼。

饱时当思饥时难，丰年莫忘歉年苦。当官不为民做主，不如回家种红薯。

安能折腰事权贵，使我不得开心颜。心底无私天地宽，一生一世不翻船。善观人者善观己，善观己者善观心。欲惠己时先泽人，欲正人时先正己。闲时静心

中外圣贤ం 为官经

思己过，他日清正无是非。弱水三江，取一瓢足饮，多则无益。米粟万种，仅三餐裹腹，无欲为高。

横不攀，竖不比，老老实实管自己。贪污腐化死得快，知足常乐福寿来。粗茶淡饭便是福，花天酒地实为灾。洁身自爱莫贪财，心无污垢颜常开。上梁不正下梁歪，中梁不正倒下来。

当官之法唯三事，曰清曰慎曰勤政。纸上得来终觉浅，绝知此事要躬行。天上星多月不明，世上官多不太平。财迷心窍志必小，官迷心窍品难高。

两袖清风存正气，一间陋室透书香。君不正臣投国外，父不慈子奔他乡。走马有个前蹄失，急水也有回头浪。只手遮天曾几时，万人有口终须说。近来学得乌龟法，得缩头时且缩头。

受恩深处宜先退，得意浓时便可休。骑着驴骡思骏马，官居宰相望王侯。有官贫过无官日，去任荣于到任时。说好不锦上添花，说坏不落井下石。行好事不求人见，存良心只有天知。清正公慎勤为官，温良恭俭让处世。

　　为臣贪，必亡其身。为主贪，必丧其国。酬薄酬厚皆为百姓血汗，位卑位尊同是人民公仆。

中外圣贤馆 为官经

注解

　　[1]甘于鞠躬尽瘁；济世穷：救济世上穷困。

　　[2]泽民：施恩惠于民。

　　[3]原意是指优秀的禽鸟会选择理想的树木作为自己栖息的地方。比喻优秀的人才应该选择能发挥自己才能的好平台，好上司。

　　[4]戮力（lù lì）：合力。

[5]奇正相生：古代作战以对阵交锋为正，设伏掩袭为奇。

[6]陈言：陈旧的言辞；务：务必。去掉陈词滥调。

[7]令：本为褒意，如尊称朋友父母为令尊、令堂。但此处的令色为讨好的表情。形容花言巧语，虚伪讨好。

[8]万夫莫当：形容非常勇敢。同"万夫莫敌"。

[9]文天祥：南宋民族英雄。

[10]欧阳修，谥号文忠，世称欧阳文忠公。北宋政治家、文学家、史学家和诗人，与韩愈、柳宗元、王安石、苏洵、苏轼、苏辙、曾巩合称"唐宋八大家"。

[11]王安石：封荆国公。北宋政治家、思想家、文学家、改革家，官至宰相。

[12]周公：古代著名的政治家，两次辅佐周武王东伐纣王，并制作礼乐，天下大治。周公惟恐失去天下贤人，吃饭时数次吐出口中食物，迫不及待地去接待贤士。这就是"周公吐哺"的典故。

[13]做错了则改正；说了就要做到。

[14]齐家：使家族成员齐心协力、和睦相处。齐有治理、整理的意思。

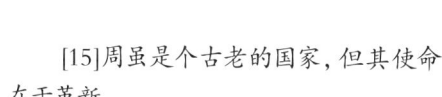

[15]周虽是个古老的国家，但其使命在于革新。

[16]莅事（lì shì）惟平：处理政务要公平。

[17]隆中：诸葛亮故居。对策：三国刘备三顾茅庐，得到诸葛亮建立霸业之道。

[18]运筹帷幄（wéi wò）：筹：计谋、谋划；帷幄：古代军中帐篷。指拟定作战策略。引申为筹划、坐镇指挥千里之外的战局。

[19]韬：指《六韬》，古代兵书，内容分文、武、龙、虎、豹、犬六韬；略：指《三略》，古代兵书，凡三卷。比喻用兵的谋略。经、纬：织物的竖线叫"经"，横线叫"纬"，此处比喻规划。如治国安民、经纬天下。

[20]躬亲：亲身去做。

[21]鞠躬：弯着身子，表示恭敬、谨慎。瘁：劳累。尽瘁：竭尽心力。

[22]不徇（xùn）私情：徇：曲从。不曲从私人交情。

[23]尤人：责怪人。

[24]垂（chuí）：接近，快要。

[25]物阜(fù)：物产丰富。

[26]语出《战国策·赵策》。意为记住过去的教训，以作后来的借鉴。

[27]微：微小；杜：堵住；渐：指事物的开端。比喻在坏事情、坏思想萌芽的时候就加以制止。

[28]户枢不蠹(hù shū bù dù)：经常转动的门轴不会被虫蛀。

[29]生：年轻人，后辈；畏：敬畏。难诬：难以轻视。

[30]社稷(shè jì)：国家。

[31]官当到宰相为最大，科场要争当头名状元。

[32]知道国家的事情，成败都在于人心的背向。

[33]察：过分精明。徒：朋友。

甘地（Gandhi, 1869—1948），尊称圣雄甘地，印度民族主义运动及印度国大党领袖。

甘地既是印度的国父，也是印度最伟大的政治领袖。他带领国家迈向独立，脱离英国的殖民统治。其"非暴力反抗"的主张，影响了全世界的民族主义者和争取和平变革的国际运动。

甘地的主要信念是"satyagraha"，意为"非暴力的消极抵抗和不合作主义"，英语译成"truth force"，意为真理或真相的力量。

其名言：

心若改变，态度就会改变；态度改变，习惯就改变；习惯改变，人生就会改变。

真理的精神遍布各地、处处皆有。但若想面对它，必须像爱护自己那样爱护地位最低微的人。

一个民族的伟大之处与道德的进步可以用其如何对待动物来加以衡量。

不与邪恶合作是我们的义务，就如同我们必须要与正义合作一样。

手段的不纯洁必然导致目的的不纯洁。

一个人的价值体现在他的生活方式上，而不是地位上。不能从一个人的行为来评价他的生活态度，而要看他的内心世界。

道德释义：

在中国哲学史上，"道德"指"道"与"德"的关系。孔子主张："志于道，据于德。"这里的"道"指理想的人格或社会图景；"德"指立身根据和行为准则。《老子》中的"道"指事物运动变化所必须遵循的普遍规律或万物的本体。道德是以善恶评价为标准，依靠社会舆沦、传统习俗和人的内心信念的力量来调整人们之间相互关系的行为规范、心理意识和行为活动的总和。

道可道，非常道。名可名，非常名[1]。讲道德，众人评。动善时，事善能[2]。择善交，重道义。见人善，即思齐。纵去远，

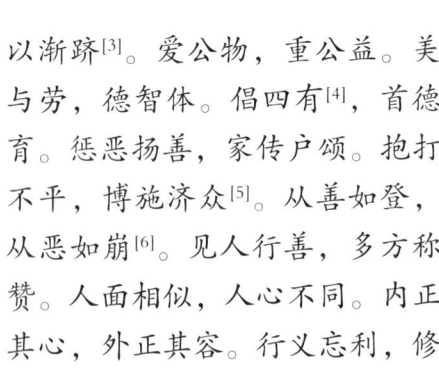

以渐跻[3]。爱公物，重公益。美与劳，德智体。倡四有[4]，首德育。惩恶扬善，家传户颂。抱打不平，博施济众[5]。从善如登，从恶如崩[6]。见人行善，多方称赞。人面相似，人心不同。内正其心，外正其容。行义忘利，修德忘名。

见势莫趋，见威不惊。见利思义，见危授命[7]。杀人者死，伤人者刑。生不更名，死不改姓。好讼之人，多致终凶[8]。积善之家，必有余庆[9]。众人重利，廉士重名[10]。贤人尚志，圣人贵精。日常好恶，善与人同[11]。原则是非，据理力争。

恭可释怒，让可息争。祸因恶作，福自德生。恶不可积，过不可长。顺天者存，逆天者亡。得人者昌，负人者亡。英雄肝

胆，菩萨心肠。量小气大，发短心长。德随量进，量由识长[12]。

见义勇为，当仁不让。见利要让，见义要上。予人玫瑰，手有余香。朋友相帮，地久天长。柔能制刚，弱能胜强。街坊邻里，缓急相济[13]。守望相助，唇齿相依。成人之美[14]，乐善好施。见义勇为，水火不辞[15]。

路见不平，行侠仗义[16]。锄强扶弱，伸张正义。亡命之徒，害人害己。至情至性，仁者无敌。和气生财，日增月益。诚实守信，互惠互利。坑蒙拐骗，伤天害理。假冒伪劣，千夫所指。买卖公平，童叟无欺。仁义为友，道德为师。美功不骄，贵位不喜。自强不息，厚德载物[17]。好勇斗狠，以危父母。隐恶扬善，谨行慎言[18]。杀人偿命，欠债还钱。亲为亲好，邻

为邻安。有话则长，无话则短。只可会意，不可言传[19]。苦海无边，回头是岸。迷途知返，千金不换。事有凑巧，物有偶然。心术不正，行为不端。饿死事小，失节事大[20]。文章颂世，道德传家。好人怕夸，坏人怕扒。大成之人，越夸越怕。小就之人，见夸就炸[21]。

债各有主，冤各有头。以德报怨，以义解仇。一争两丑，一让两有。人平不语，水平不流[22]。便宜莫买，浪荡莫收[23]。种麻得麻，种豆得豆。梧桐叶落，天下知秋。

积德为厚地，土扶可城墙[24]。半瓶水晃荡，满瓶水不响。谦虚是美德，骄傲必自伤。爱国必守法，明礼才成章。月缺不改光，剑折不改刚。竹死不变节，花落有余香。得志莫像龙，失志莫像虫。识真方知假，无奸不显忠。

钱财如粪土，仁义值千金。长存君子道，日久见人心。认理不认人，帮理不帮亲。忘功不忘过，忘怨不忘恩。事上当谨慎，待下宜宽仁。若要断酒法，醒眼看醉人[25]。家和人气旺，家衰吵不停。欺老莫欺少，欺少心不明。天得一以清，地得一以宁[26]。神得一以灵，谷得一以盈[27]。宁可荤口念佛，莫将素口骂娘。功高莫如救驾[28]，奸毒莫过绝粮。

鸟随鸾凤飞腾远[29]，人伴贤良品行高。入山不怕伤人虎，只怕人情两面刀。书藏应满三千卷，人品当居第一流。人到公门正好修[30]，留些阴德在后头。事不三思终有悔，人能百忍自无忧。无益世言休着口，不干己事

少当头。莫待是非来入耳，从前恩爱反成仇。好拳不赢头三手，自有高招在后头。

勿为私利伤天理，不昧良心陷害人。勿以小嫌疏于戚[31]，不以新怨忘旧恩。落井下石非君子，雪中送炭真仁人。量大能消千年怨，德高常记一滴恩。

注解

[1]自然规律是可以认识的，但并非我们平常所认识的那样。名是可以求到的，却不是平常人所追求的名。

[2]行动要善于把握时机，处事要能够善于发挥所长。

[3]跻(jī)：达到。见到别人的善行，就要想到自己也应该努力做到。即使差距很远，只要肯努力，渐渐就会赶上

[4]四有：有理想、有道德、有文化、有纪律。

[5]博施济众：广施恩惠，拯救众民。

[6]如登,喻难;如崩,喻易。行善如登山般不易,学坏如崩塌般容易。

[7]授命:献出生命。指危急关头勇于献身。

[8]多致终凶:大多不得善果。

[9]余庆:先代遗泽。旧谓多行善举,必有后福。

[10]廉士:廉洁之士。

[11]善与人同:对别人愿意包容与学习。

[12]人的道德随着气量而增长,气量又随着人的见识而增长。

[13]济(jì):渡;过河。相济:互相帮助。

[14]成全别人的好事。

[15]水火不辞:赴汤蹈火,决不推辞。

[16]讲义气,乐于舍己助人。

[17]厚德载物:增厚美德,容载万物。今指以深厚的德泽育人利物。

[18]隐恶扬善:不谈人的坏处,宣扬人的好处。谨行慎言:谨、慎:小心,慎重。言语行动小心谨慎。

[19]只能用心去揣摩体会,没法用言语具体表达。

中外圣贤德 道德经

[20]失节：此处指旧时女性失去贞节。

[21]见夸就炸：经不得夸奖。炸：膨胀也。

[22]人平不语：得到公平则不会有怨言。水平不流：水无落差则不会流动。

[23]浪荡：此处指来路不明的东西不可收下。

[24]累积德行可成厚地；把土扶到一起可成高墙。

[25]君子若想戒酒，办法之一是清醒的时候去看看醉酒者的丑态。

[26]一：老子所言之"道"。得"一"就是循于"道"则有"德"，反之则无得。得道有德才能生存安宁。

[27]谷：河谷；盈：水满。

[28]救驾：旧指解救帝王于危难。

[29]鸾（luán）凤：鸾鸟和凤的合称。也喻为夫妻。

[30]公门：官府。修：修炼，做好事。

[31]戚：亲戚朋友。

老子（约前575—?），原名李耳，字伯阳，又称老聃（dān），中国古代伟大的哲学家和思想家，道家学派创始人。存世有五千言的《道德经》（又称《老子》）。

《道德经》以"道"解释宇宙万物的演变，"道生一，一生二，二生三，三生万物"。"道"乃"夫莫之命（命令）而常自然"，因而"人法地，地法天，天法道，道法自然"。"道"为客观自然规律，同时又具有"独立不改，周行而不殆"的永恒意义。"道"是《老子》的核心。《道德经》含有丰富的朴素辩证法思想。老子哲学与古希腊哲学一起构

成了人类哲学的两个源头。老子的思想被庄子所传承，并称"老庄"哲学，与儒家和后来的佛家思想一起构成了中国传统思想文化的内核。

其名言：

道可道，非常道；名可名，非常名。

我有三宝，持而保之，一曰慈，二曰俭，三曰不敢为天下先。

上善若水，水善利万物而不争。

知人者智，自知者明。胜人者有力，自胜者强。知足者富，强行者有志。

大方无隅，大器晚成，大音希声，大象无形。

祸兮福之所倚，福兮祸之所伏。

合抱之木，生于毫末；九层之台，起于累土；千里之行，始于足下。

信言不美，美言不信；善者不辩，辩者不善；知者不博，博者不知。

欲上民，必以言下之；欲先民，必以身后之。

庄子（约前369—前286），名周，字子休。中国古代著名的思想家、哲学家、文学家，是道家学派的代表人物，老子哲学思想的继承者和发展者，先秦庄子学派的创始人。

其学说涵盖着当时社会生活的方方面面，但根本精神还是归依于老子的哲学。后世将他与老子并称为"老庄"；其哲学也称为"老庄哲学"。在庄子的哲学中，"天"是与"人"相对立的两个概念。"天"代表着自然，而"人"指的就是"人为"的一切，与自然相背离的一切。

庄子主张顺从天道，而摒弃"人为"，摒弃人性中那些"伪"的杂质。顺从"天道"，从而与天地相通的，就是庄子所提倡的"德"。

庄子一生清贫，但其思想对后世影响巨深。唐开元二十五年，庄子被诏封为"南华真人"。《庄子》一书也被诏称为《南华真经》。

其名言：

日出而作，日入而息，逍遥于天地之间。

不乐寿，不哀夭，不荣通，不丑穷。

天地与我并生，万物与我合一。

至人无己，神人无功，圣人无名。

是亦彼也，彼亦是也。彼亦一是非，此亦一是非。

天地一指，万物一马。

吾生也有涯，而知也无涯，以有涯随无涯，殆也。

死生存亡，穷达贫富，贤与不肖，毁誉，饥渴寒暑，事之变，命之行也。

不以好恶内伤其身，常因自然。

孝道释义

从汉字看，"孝"是一个"老"加上一个"子"。"老"指上一代，其天性是爱护、教育孩子；"子"是孩子能时时想到要回报父母的恩德。"孝"代表了儿女和父母一体不可分。"孝"是儿子背着老子，儿女敬顺父母叫"孝"。

《孝经》把孝当作天经地义的最高准则。北宋张载作《西铭》，在《孝经》的基础上，融忠孝为一体，从哲学本体论的高度，把伦理学、政治学、心性论、本体论组成一个完整的孝的体系。孝道对中华民族的发展，增强民族凝聚力，形成民族价值观的共识，起到过积极作用。

水有源，树有根。泛爱众，而亲仁[1]。报春晖，寸草心[2]。长与幼，骨肉亲。爱父母，献孝心。体亲意[3]，家温馨。养育恩，如海深。父母呼，应勿缓[4]。父母命，行勿懒[5]。物虽小，勿私藏。苟私藏，亲心伤。亲所好，力为具。亲所恶，谨为去[6]。身有伤，贻亲忧。德有伤，贻亲羞[7]。亲爱我，孝何难[8]。亲憎我，孝方贤[9]。亲有疾，药先尝[10]。昼夜侍，莫离床。

父母责，须顺承。亲有过，谏使更[11]。亲有教，儿恭听。做错事，即改正。家务事，乐担承。洗碗筷，扫门庭。丧尽礼，祭尽诚[12]。兄道友，弟道恭。兄弟睦，孝在中。称尊长，勿呼名。路遇长，疾趋揖[13]。长无言，退恭立。骑下马，乘下车。长者立，幼勿坐。长者坐，命乃坐。尊长前，声要低。进必趋，退必迟。问起对，视勿移[14]。长者先，幼者后。扶老幼，知礼仪。助人乐，勤公益。先他人，后自己。融四岁，甘让梨[15]。

凡事要好，须问三老[16]。宠狗上灶，宠子不孝。养儿防老，积谷防饥。当面教子，背后教妻。老不舍心，少不舍力[17]。人生一世，如驹过隙[18]。

妻贤夫祸少，子孝父心宽。母苦儿未见，儿劳母不安。尊前慈母在，浪子不觉寒。母在一子寒，母去三子单[19]。宁遭父母手，莫遭父母口[20]。十月胎恩重，三生报答轻。

一尺三寸婴，十又八载功[21]。宁忍自己气，莫伤父母心。家贫知孝子，国乱识忠臣。在家不孝顺，出门遇天阴。当家才知盐米贵，养子方知父母恩。父子亲而

家不退，兄弟和而家不分。夫贤妇惠家和顺，父慈子孝乐天伦。

教子不当儿遭殃，教子有方儿争光。大家礼义教子弟，小家凶恶训儿郎。儿孙自有儿孙福，莫为儿孙作马牛。娇生惯养误子女，文过饰非害无穷。儿行千里母担忧，母走千里儿不愁。养子不教父之过，养女不周娘之错。古圣先贤孝为宗，礼敬尊亲如活佛[22]。

天地重孝孝当先，一个孝字全家安。孝顺能生孝顺子，孝顺子弟必明贤。孝是人道第一步，孝子谢世即为仙。自古忠臣多孝子，君选贤臣举孝廉。

父母恩德重如山，知恩报恩莫忘本。父母不亲跟谁亲，父母不敬敬何人。父母在日不孝顺，百岁年后哭鬼神。三岁打父父欢喜，长大打父父伤悲。父老他乡无孝子，要知母贤看儿衣。

爹娘面前能尽孝，一孝就是好儿男。公婆身上能尽孝，又落孝来又落贤。尽心竭力孝父母，孝道不独讲吃穿。孝道贵在心中孝，孝亲亲责莫回言。人人都可孝父母，孝敬父母如敬天。惜乎人间不识孝，回心复孝天理还。诸事不顺因不孝，怎知孝能感动天。

孝子口里有孝语，孝妇面上带孝颜。女得淑名先学孝，男得功名孝在前。孝子逢人就劝孝，孝化风俗人品端。生前孝子声价贵，死后孝子万古传。为人能把父母孝，下辈孝子照样还。堂上父母不知孝，不孝受穷莫怨天。亲在应孝不知孝，亲死如孝后悔难。孝在心孝不在貌，孝贵践行不在言。孝子齐家全家乐，孝子

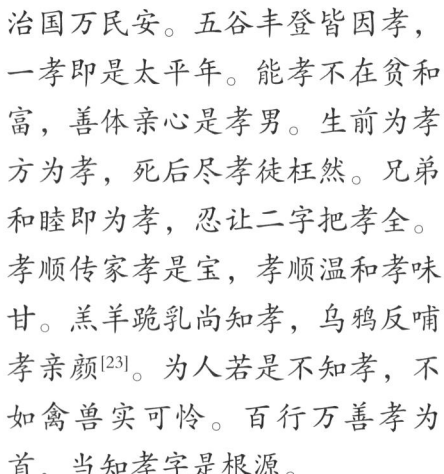

治国万民安。五谷丰登皆因孝，一孝即是太平年。能孝不在贫和富，善体亲心是孝男。生前为孝方为孝，死后尽孝徒枉然。兄弟和睦即为孝，忍让二字把孝全。孝顺传家孝是宝，孝顺温和孝味甘。羔羊跪乳尚知孝，乌鸦反哺孝亲颜[23]。为人若是不知孝，不如禽兽实可怜。百行万善孝为首，当知孝字是根源。

注解

[1]广泛去爱众人，亲近那些有仁德的人。

[2]意为：谁说小草报答得了三春阳光给它的养育之恩啊！

[3]体：体贴，体察亲人的心意。

[4]父母叫的时候，要立刻答应，不能迟缓。

[5]长辈让你做事的时候，要马上去做，不能拖延偷懒。

[6]好：嗜好，赞同。力：尽力；具：具备，准备。恶：厌恶；谨：恭谨。亲友认同的要为其具备。讨厌的就努力去除。

[7]贻（yí）：遗留，带来。此句意为：身体受伤，会致使家人担心；品德有疵点，则使家人蒙羞。

[8]父母爱子女，子女孝顺父母亲，那是极其天然的事，这样的孝顺又有什么困难呢？

[9]父母亲讨厌我，却还能够用心尽孝，那才算得上贤良。

[10]中药需煎熬，子女先尝汤药的温度、甘苦，以示孝心。二十四孝有“亲尝汤药”典故：汉文帝，九五尊，娘卧病，儿尝药，孝心仁，和天下。

[11]谏（jiàn）：规劝君主或尊长。父母长者有过失时，要及时劝谏，让他们明白圣贤的道理。

[12]丧事要尽礼仪，祭祀要心诚。

[13]遇尊长，要赶快上前作揖问安。

[14]父母亲与你说话时不要转移目光，要专心应对。

[15]融：孔融，古代文学家，“建安七子”之一。此指孔融让梨的故事。

[16]三老：指古代教化的乡官。意为凡事要办好，必须向有学问、德高望重的老人请教。

[17]老不松懈操心，年轻不吝惜气力。

[18]驹（jū）：少壮的马。白驹过隙：像小白马在细小的缝隙前跑过。白驹也喻日影，形容时间过得极快。出自《庄子·知北游》。

[19]著名孝言。相传闵子骞受到后母的虐待，其父发现后，要把后母休掉。闵子骞跪下来替后母求情，"母亲在只有我一个受寒，离去后两个弟弟都要忍饥受冻。"这份至诚的孝亲之情，对兄弟至诚的友爱，感动了他的后母，也挽救了整个家庭。

[20]宁可被父母打，不可被父母骂。

[21]母亲怀孕生子不易。

[22]礼敬诸佛要从我们自己的父母开始做起。

[23]传说小乌鸦长大后会喂养老母。

达·芬奇（Da Vinci, Leonardo, 1452—1519），意大利文艺复兴三杰之一，也是整个欧洲文艺复兴时期最完美的代表。他是一位思想深邃，学识渊博，多才多艺的画家、寓言家、雕塑家、发明家、哲学家、音乐家、医学家、生物学家、地理学家、建筑工程师和军事工程师。

达·芬奇勤奋精进，一面热心于艺术创作和理论实践，同时醉心于自然科学。为了真实感人的艺术形象，他广泛地研究与绘画有关的光学、数学、地质学、生物学等多种学科。他的《最后的晚餐》是世界最著名的宗教画；《蒙

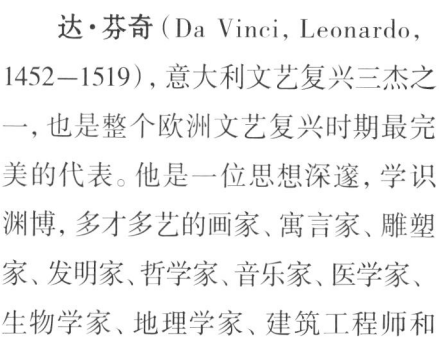

娜丽莎》则为世界上最著名的肖像画。这两件誉满全球的作品使达·芬奇的名字永垂青史。他是人类智慧的象征，更是一个国家文化的象征。

其名言：

眼睛是心灵的窗口。

勤劳一日，可得一夜安眠；勤劳一生，可得幸福长眠。

无论掌握哪一种知识对智力都是有用的。它会把无用的东西抛开而把好的东西保留住。

智慧是经济之女。

愚昧将使你达不到任何成果，并在失望和忧郁之中自暴自弃。

一幅画中最白的地方要像宝石那样可贵。

真理只有一个，它不在宗教中，而是在科学中。

水若停滞即失其纯洁，心不活动精气立消。

亚里士多德（前384—前322），古希腊斯吉塔拉人，世界古代史上最伟大的哲学家、科学家和教育家之一。

亚里士多德是柏拉图的学生，亚历山大大帝的老师。马克思曾称亚里士多德是古希腊哲学家中最博学的人物，恩格斯称他是古代的黑格尔。

亚里士多德师承柏拉图，主张教育是国家的职能，学校应由国家管理，首先提出儿童身心发展阶段的思想。他一生写下了大量的著作，成为古代的百科全书。主要著作有《工具论》、《物理学》、《伦理学》、《政治学》、

《诗学》等。其思想对人类产生了深远的影响。他创立了形式逻辑学，丰富和发展了哲学的各个分支学科，对科学奉献巨大。

其名言：

人生最终价值在于觉醒和思考的能力，而不只在于生存。

遵照道德准则生活就是幸福的生活。

人最得意的时候，有最大的不幸光临。

真正的朋友，是一个灵魂孕育在两个躯体里。

在科学上进步而道义上落后的人，不是前进，而是后退。

吾爱我师，吾更爱真理。

教育的根是苦的，但其果实是甜的。

遵照道德准则生活就是幸福的生活。

幸福就是至善。

羽毛相同的鸟，自会聚在一起。

健康经

健康释义：

健康是指一个人在身体、精神和社会等方面都处于良好的状态。现代人的健康内容包括：躯体健康、心理健康、心灵健康、社会健康、智力健康、道德健康、环境健康等。健康是人的基本权利，是人生最宝贵的财富之一。健康是生活质量的基础，是人类自我觉醒的重要方面，是生命存在的最佳状态。健康有着丰富深蕴的内涵。

人之初，如玉璞[1]。矫如龙，健如虎。气忌躁，心忌粗。常运动，强筋骨。喜伤心，怒伤肝。

思伤脾，忧伤肺。恐伤肾，惊伤颜。鱼生火，肉生痰[2]。

饮食净，少生病。脚对风，请郎中[3]。常开窗，透阳光。通空气，保健康。三分医，七分养。若无病，十分防。动为纲，素为常。少饮酒，不悲伤。

眼不见，心不烦。耳不听，思不乱。看云飞，听鸟啼。爱儿童，忘年交。笑一笑，老来少。心灵美，人更俏。

四时更替，寒来暑往。适者生存，逆者失常。幕天席地，饮露餐霜。

早起三光，晏起三慌[4]。寡欢多愁，易得癌瘤。情绪不畅，短命夭亡。

一顿吃伤，十顿喝汤。烟酒不尝，身体必强。食不过饱，饮不过量。贪杯之士，为酒所伤。

有病早医，无病早防。大病要养，小病要抗。有屁不放，毒袭健康。

甜言夺志，甜食坏齿。少食安脾，太饱伤气。穷人吃素，老者看经。运动运动，病魔难碰。指甲常剪，疾病不染。

多愁善感，身心摧残。知足常乐，无求乃安。盈缩之期[5]，不但在天[6]。养心之福，可得永年。

南甜北咸，得病根源。少吃多餐，益寿延年。越吃越馋，越烤越寒。食不过饱，衣不过暖。

饿不洗澡，饱不剃头。合理膳食，戒烟少酒。饮前洗手，饭后漱口。

多食果菜，少食肉类。男人靠胃，女人靠睡[7]。吃饭莫饱，走路莫跑。说话要少，睡觉要早。

遇事莫恼，经常洗澡。害眼洗脚，强似吃药[8]。害眼剃头，火上浇油。头部宜冷，足部宜热。助人为乐，交友为乐。

基本吃素，坚持走路。心情舒畅，劳逸适度。祸从口出，病从口入。

健康无价，无病是福。笑口常开，青春常驻。若要长寿，切莫多愁。不气不愁，活到白头。

少女之心，美在无瑕。赤子之心，美在无邪。壮士之心，美在无畏。志士之心，美在无私。

小病不治，大病难医。新病好医，旧病难治。早睡早起，没病惹你。终身疾病，新婚造起[9]。性静情逸，心动神疲。

食不厌精，脍不厌细[10]。以茶代酒，清神爽气。生津止渴，开心养体。人在病中，百念俱灰。

贪吃贪睡，添病减岁。能吃能睡，长命百岁。

山静养性，水动慰情。石闲生苔，人闲生病。粗饭养人，粗活益身。物熟始食，水沸始饮。急躁易怒，孤僻郁闷。

春捂秋冻，少生杂病。不干不净，吃了生病。入厨先洗手，上灶莫多言。想当鸦片仙，走路必疯癫[11]。

越热越出汗，越冷越打颤。火烤胸前暖，风吹背后寒。

年轻勤锻炼，老来身体健。河宽水不急，心宽体更健。有愁皆苦海，无病即神仙。

一份预防方，胜过百份药。防病无别窍，卫生最重要。春不忙减衣，秋不忙加帽。剃头常洗澡，身体自然好。

一日三笑，人生难老。一日

三恼，不老也老。大笑三声，弃病提神。有说有笑，阎王不要。养生之道，眉开眼笑。笑口常开，健康常在。笑口常开，无病无灾。笑口常开，青春常在。

洗脸洗鼻窝，扫地扫墙角。清爽之空气，百病之良药。有钱的吃药，无钱的泡脚。生气催人老，笑笑变年少。凌晨睡得着，胜于吃补药。

宁带三分饿，不吃十分饱。早饭吃得好，午饭吃得饱。晚饭吃得少，不用大夫瞧。心平气和好，九十不显老。

经常晒太阳，筋骨强如钢。天天晒太阳，胜过吃药方。要想寿命长，经常晒太阳。

吃饭先喝汤，不用请药方。喝酒不过量，玩笑要适当。枪不擦不亮，身不练不壮。百岁不为高，无病寿自长。

一勤生百巧，一懒生百病。讲究吃人参，不如睡五更[12]。青山依旧在，几度夕阳红。心脏不怕热，头脑不怕冷。白天多活动，晚上少做梦。怒从心头起，恶向胆边生。

吃馍喝凉水，瘦成干棒槌。自己少受罪，亲人少受累。患生于所忽，祸生于细微。不下无情手，难解眼前危。

盛年不再来，一日难再晨。及时宜自勉，岁月不待人。百金买骏马，千金买美人。沾上黄赌毒，害己害子孙。

进补如用兵，乱补会损身。只要多劳动，百病不上身。万金买高爵，何处买青春。树高千百丈，叶落要归根。忧愁令人老，纵欲必伤身。体壮人欺病，体弱病欺

人。日光不照临，医生便上门。

饭后百步走，活到九十九。不沾烟和酒，活得乐悠悠。不喝过夜茶，不吃过量酒。药能医假病，酒不解真愁。睡觉不蒙头，清晨郊外走。

老翁九十九，走路又着手。天天吃萝卜，疾病哪里有。吃饭少一口，饭后走一走，不活一百岁，也活九十九。

心宽体自胖，财大气也粗。一天舞几舞，长命九十五。无事勤扫屋，强如上药铺。无债者为富，无病者为福。

病来如山倒，病去如抽丝。嫉财莫嫉食，怨生莫怨死。大渴不大饮，大饥不大食。海水有潮汐，人生有节律。延长人寿命，减少发病率。节食纯祛病，寡欲纯强身。贪心烦恼多，知足自常乐。

热不马上脱衣，冷不马上穿棉。健康第一为财富，健康无价身自由。五谷杂粮多进口，大夫改行拿锄头。

机器不擦要生锈，人不卫生要短寿。周末别睡大懒觉，动好吃好精神足。萝卜白菜保平安，药补不如食来补。一只苍蝇一只虎，飞到谁家谁家苦。

喜怒忧思悲恐惊，七情过度皆伤身。平淡童心不易老，无求宽心一身轻。暴食暴饮易生病，定时定量方安宁。日出东海落西山，愁也一天喜一天。

不胀不闷不气短，不干不苦口不黏。不打呼噜不流涎，头脑清醒无疲感。精力不可过分耗，常带三分饥和寒。

忠言逆耳利于行，良药苦口利于病。是药都有三分毒，用药吃药如用兵。干干净净一身轻，不干不净生百病。

午饭过后睡一觉，健健康康活到老。红糖生姜开水泡，睡前饮用治感冒。放屁出汗打喷嚏，人体健康三件宝。

一日三餐调理吃，遇到大事要三思。不动粗来不生气，笑对百事处处喜。

早睡早起跑跑步，一天做啥心有数。生意场上防小人，忙里偷闲把家顾。

大雷大风不行房，产后行房必死亡[13]。日蚀月蚀不行房，百里行房必伤亡。持斋祭日不行房，神前枢台不淫荡。伤筋动骨不行房，行房赶着见阎王。本命生日不行房，胎前行房胎儿伤。病后行房病加剧，空腹行房元神伤。醉饱行房伤精气，怒后行房伤肝脏。竹席行房染寒气，过分贪凉身损伤。

止泻健脾补五脏，煮粥宜把扁豆放。苗怕害虫地怕荒，人怕害病草怕霜。苗无病害长得旺，人无疾病精神爽。爽口食多偏作病，快心事过恐生殃。人生血脉似长江，一处不到一处伤。

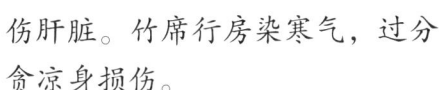

沉舟侧畔千帆过，乐观向上气轩昂。酒色财气四堵墙，人人都在墙里藏。若能跳出墙外去，不是神仙寿也长。有什么不要有病，没什么不要没命。人人有好唱的曲，家家有难念的经。

不要珍宝装饰自己，而要健康武装身体。身体健康常年轻，不欠人债常富裕。名医难治心头病，心病终须心药医。

大道劝人三件事，戒色戒酒莫赌钱。身体健康是本钱，有气无力难登山。

全家老少互慰勉，贫也相安富相安。早晚操劳勤锻炼，忙也乐观闲乐观。

心宽体健养天年，不是神仙胜神仙。伤筋断骨一百天，静养身心一百年。知足常乐学不倦，世事牢记古名言。

遇事不钻牛角尖，人也舒坦，心也舒坦。每月领取养老钱，多也喜欢，少也喜欢。

少荤多素日三餐，粗也香甜，细也香甜。新旧衣服不挑拣，好也御寒，赖也御寒。

常与知己聊聊天，古也谈谈，今也谈谈。内孙外孙同样看，儿也喜欢，女也喜欢。凝气提肛，干擦背部，按摩迎香防风寒。浴胸运腹，推拿肾盂，操作柔和脏腑安。

合理膳食，少荤多素，粗茶淡饭胜海鲜。舞笔弄墨，砚边寻趣，专心书法味陶然。诗书一摞，医书一摞，慢读细咀助保健。

安步当车，遇事心宽，健身首选太极拳。顺时乐观，逆时乐观，健康长寿过百年。

注解

[1]玉璞（pú）：没有雕琢的玉石。

[2]鱼肉摄入过量会上火造成身体营养过剩。牛羊猪肉在屠宰的时候会产生废物毒素，这些毒素产生痰。

[3]病从脚上起。人在睡眠时，双脚不要对着风口，如果被风吹到了就要着凉生病看医生了。

[4]晏（yàn）：晚，迟。晏起：迟起。大意是，早起头脑清醒、光彩照人，一天办事情都会顺利。起得晚，时间紧张办事自然慌慌张张，误时误事。"三"在这里是个虚指数，代表"经常"的意思。

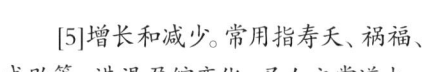

[5]增长和减少。常用指寿夭、祸福、成败等。进退盈缩变化，圣人之常道也。

[6]人的寿命长短，不只是由上天所决定的。只要自己保养得好，也可以益寿延年。

[7]男人能吃身体就好。女人能睡可以养颜。

[8]害眼：患眼病。

[9]年轻人兴高力旺，房事不知节度。

[10]脍（kuài）：细切肉。

[11]吸毒成瘾者，要死不活的丑态。

[12]更（gēng）：更鼓。古代把夜晚分成五个时段，用鼓打更报时。五更：五鼓，戊夜，凌晨3-5点。

[13]文中"不行房"是指不要在不适当的时候过性生活。

墨子（前468—前376），春秋战国时期鲁国人。中国古代著名思想家、教育家、科学家、军事家、社会活动家。著有《墨子》传世。

墨子起初习孔子之术，称道尧舜大禹。后逐渐对儒家繁琐礼乐感到厌烦，最终舍掉儒学，形成自己的墨家学派。提出兼爱、非攻、尚贤、尚同、节用、节葬、非乐、天志、明鬼、非命等十大主张。此外墨学还有自然科学、文化教育、逻辑学、军事防守、工程技术等，内容非常丰富。

墨学以兼爱为核心，以节用、尚贤为支点，并认为有"天志"。"人不分幼长贵贱，皆天之臣也"，"天之爱民之厚"，君主若顺从则会得天之赏。苍天爱民与制约君主的思想，也是墨子思想体系中的一大亮点。

墨子一生广收弟子，行而论道；不遗余力地反对兼并战争。其"兼相爱，交相利"的主张至今依然是烛照人类文明天空的光亮。

其名言：

兼爱。非攻。尚贤。尚同。节用。

兴天下之利，除天下之害。

若使天下兼相爱，爱人若爱其身，犹有不孝者？

无言而不信，不德而不报，投我以桃，报之以李。

万事莫贵于义。

俭节则昌，淫佚则亡。

人不分幼长贵贱，皆天之臣也。

君子不镜于水而镜于人。

莎士比亚（William Shakespeare, 1564—1616），英国文艺复兴时期伟大的剧作家、诗人；欧洲文艺复兴时期人文主义文学的集大成者。

莎士比亚继承古希腊、中世纪英国和文艺复兴时期欧洲戏剧的三大传统并加以发展，从内容到形式进行了创造性革新。他的戏剧不受三一律束缚，突破悲剧、喜剧界限，努力反映生活的本来面目，深入探索人物内心奥秘，从而能够塑造出众多性格复杂多样、形象真实生动的人物典型，描绘了广阔的、五光十色的社会生活图景，并以其博大、深刻、富于诗意和哲理著称。其代表作有：

四大悲剧：《哈姆雷特》、《奥赛罗》、《李尔王》、《麦克白》。四大喜剧：《第十二夜》、《威尼斯商人》、《无事生非》、《皆大欢喜》。历史剧：《亨利四世》、《亨利五世》、《理查二世》等。

莎士比亚还写过154首十四行诗，2首长诗。沙氏被誉为"时代的灵魂"。马克思称他和古希腊的悲剧作家埃斯库罗斯为"人类最伟大的戏剧天才"。

其名言：

生存还是毁灭，这是一个值得考虑的问题。

宁为聪明的愚夫，不作愚蠢的才子。

闪光的不全是黄金。

黑夜无论怎样悠长，白昼总会到来。

女人是被爱的，不是被了解的。

斧头虽小，但经过多次劈砍，终能将一棵最坚硬的橡木砍倒。

谁要是能够把悲哀一笑置之，悲哀也会减弱它咬人的力量。

勤俭经

勤俭释义：

勤：勤劳、勤快；俭：节省、俭朴。懒馋之人常得苦，勤俭人家多得福。君子以勤俭立德，小人以勤俭图利。勤俭是中国人的传统美德。

人过留名，雁过留声。居家要俭，待客宜丰。良田万顷，日食一升[1]。家有千金，不点双灯。

居安思危，戒奢以俭。毋惊山高，只惊脚软。毋惊事难，只惊人懒。只勤毋俭，无钱无盐。精打细算，油盐不断。

粮收万石，粗茶淡饭。家有万担，不丢剩饭。好处安身，苦

处用钱。小富由俭，大富由天。勤劳一日，一夜安眠。勤劳一生，幸福长眠。学懒三日，学勤三年。

宽打窄用[2]，有备无患。一粥一饭，来之不易。半丝半缕，物力维艰[3]。民生在勤，俭节则昌。勤则不匮，淫佚则亡[4]。

大吃大喝，当屋卖锅[5]。节约节约，积少成多。身不过华，遮身则可。

爱衣常暖，爱食常饱。粗茶淡饭，食之到老。思前顾后，吃穿常有。细水长流，吃穿不愁。克勤克俭，常保富有。

勤能抑懒，省能补贫。节食有长，节穿有新。一星半星，凑两成斤[6]。当家要俭，做事要勤。勤俭持家，宽和待人。省吃俭用，一世不贫。克勤于邦，克俭于家。民生在勤，勤则不匮[7]。

一籽撒落地，万石粮归仓[8]。疏懒人没吃，勤俭粮满仓。自家心里急，他人不知忙。

人勤地产宝，人懒地长草。冷水要人挑，热水要人烧。懒惰不谋生，坐吃山也崩。劳动保本色，勤俭育高风。荷包七个洞，赚钱不够用。饱不宰母鸡，饿不吃谷种。

富家一席酒，穷汉半年粮。日储一勺米，千日一石粮。粮食打进仓，莫忘灾和荒。

一人省一口，万户谷满仓。一天省一口，一年省一斗。今日省把米，明日省滴油。锄禾日当午，汗滴禾下土。谁知盘中餐，粒粒皆辛苦。有钱时摆阔，没钱时挨饿。粒米凑成箩，滴水凑成河。粮食打再多，野菜备几锅。行船靠掌舵，理家靠节约。

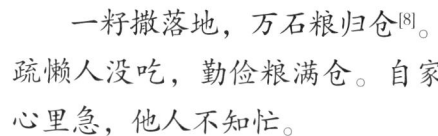

从俭入奢易，从奢入俭难。三年不吸烟，床上多条毡。有勤又有俭，生活比蜜甜。

健妇持门户，胜过一丈夫。俭是聚宝盆，勤是摇钱树。学问勤中得，富裕俭中出。一日积一文，十年头算晕。

贪酒不顾病，贪色不顾身。贪字贫字壳，贪财不顾亲。家传勤俭经，好运泽后人。居家不得不俭，创业不得不勤。家有万贯钱财，不如日进一文。衫裤笑破莫笑补，金山挖久也会空。勤俭节约一生中，小处不省钱袋空。

年年难过年年过，处处无家处处家。创业好比燕垒窝，败业好似浪淘沙。上上下下全家勤，房前屋后出金银。生产好比摇钱树，节约好比聚宝盆。吃饭要知牛马善，着丝应记养蚕人。

早早睡觉早早起，米缸常常有剩米。节约好比燕衔泥，浪费好比河决堤。

算了再用常有余，用了再算悔已迟。常将有日思无日，莫待无时思有时。

面朝黄土背朝天，一粒粮食一粒汗。一粥一饭汗珠换，精打细算够半年。只有勤来没有俭，好比有针没有线。只与人家赛种田，莫与人家比过年。

一斤粮来千粒汗，省吃俭用细盘算。晴天不忘有阴天，丰年也须防灾年。

奢者狼藉俭者安，一凶一吉在眼前。富足时豪华奢侈，穷困时死于饥寒。富足时节衣缩食，穷困时易度难关。

当用则万金不惜，不当用一文不费。成家子来粪如宝，败家

子来钱如草。眼下胡花乱铺张，往后日月空荡荡。大吃大喝顾眼前，省吃俭用度灾荒。勤勤俭俭粮满仓，大手大脚仓底光。

讲究名牌图虚荣，杯杯狂喝垮家当。吃饭不忘农人苦，穿衣不忘工人忙。出门走路看风向，穿衣吃饭量家当。衣服一半是旧装，耗子还存三分粮。

一勤二俭三节约，全家老少幸福多。兴家好比针挑土，败家好似水推舟。

十匙合成一碗饭，丰收也当歉年过。光是增产不节约，好比安了无底锅。

一块煤来不算多，千块煤炭堆成坡。一滴油来不算多，点点滴滴汇成河。勤俭是幸福之本，浪费是贫困之苗。光讲节约不增产，好似泉水断根流。

谁爱风流高格调，共怜时世俭梳妆[9]。艰苦奋斗记心上，勤俭节约细水长。

一尺之棰，日取其半；取之有度，万世不竭[10]。

历览前贤国与家，成由勤俭破由奢[11]。节俭，善行之大德；奢侈，邪恶之大恶[12]。

注解

[1]升：旧时的一种计量容器；此句意：纵然家有万顷良田，每天也要计划用粮。

[2]宽打窄用：计划可以宽松一点，但花费时手头要紧。

[3]出自明朝朱柏庐的《夫子治家格言》。原文为：一粥一饭，当思来处不易；半丝半缕，恒念物力维艰。意为：吃的一顿粥或一顿饭，应当想着来之不易；穿的半根丝或半条线，要常念着这些物资的产生是很艰难的。

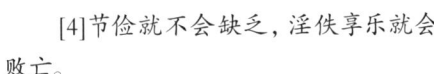

[4]节俭就不会缺乏，淫佚享乐就会败亡。

[5]当：抵押，典当。

[6]星：旧时计量单位。旧秤一星等于一两，十六两等于一斤。

[7]匮：缺乏。生计在于勤劳，只有勤于劳作，才不会缺吃少穿。

[8]石（dàn）：旧时市制容量单位，十斗为一石。重量单位：一百二十市斤为一石。万石：形容很多。

[9]人们竞相追求时髦的奇装异服，有谁来欣赏我不同流俗的自然打扮。

[10]棰（chuí）：短木棍。出自《庄子·天下》。意为：一尺长的木棍，每日取一半，永远也取不完。

[11]纵观历史，大到邦国，小到家庭，无不是兴于勤俭，亡于奢靡。

[12]节俭是善行中的大德。相反，奢侈，是邪恶中的大恶。

屈原（约前304—前278），战国末期楚国人，我国第一位伟大的爱国主义诗人。他开创了诗歌从集体歌唱转变为个人独立创作的新纪元，是我国积极浪漫主义诗歌传统的奠基人。

屈原一生经历楚威王、楚怀王、顷襄王三个时期，主要活动在楚怀王时期。他对内辅佐怀王变法图强，对外积极主张联齐抗秦。后因小人诬陷，被怀王疏远，并两次遭放逐。第一次在怀王时期被流放到汉北；第二次在顷襄王时期被流放到沅、湘一带。最后自沉汨罗江，以明其忠贞爱国的情怀。

屈原的作品有《离骚》、《天问》、《九歌》、《九章》、《招魂》等。《离骚》是其的代表作，也是中国最早的长篇抒情诗。

《天问》是屈原根据神话传说创作的诗篇，以问语一连向苍天提出了172个问题，涉及了天文、地理、文学、哲学等众多领域，表现了诗人对传统观念的大胆怀疑和追求真理的科学精神。

其名句：

制芰荷以为衣兮，集芙蓉以为裳；

不吾知其亦已兮，苟余情其信芳；

忽反顾以游目兮，将往观乎四荒；

佩缤纷其繁饰兮，芳菲菲其弥章；

路漫漫其修远兮，吾将上下而求索。

长太息以掩涕兮，哀民生之多艰。

亦余心之所善兮，虽九死其犹未悔。

袅袅兮秋风，洞庭波兮木叶下。

举世皆浊我独清，众人皆醉我独醒。

贫富释义:

贫富作为财产标识,不仅与生活质量紧密相连,而且在市场经济时代成为人的社会存在的重要指标。社会地位与生活好坏都直接与贫富有关。

贫富差距过大将违背公平、正义的普世价值,恶化生存环境,并严重影响社会安宁。社会主义的目标是要缩小贫富差距,走共同富裕的道路,最终实现大同世界。

人穷志短,马瘦毛长。穷者思变,莫要愁肠。勤劳致富,富而不狂。富之帮穷,穷之不忘。真穷好过,假富难当。富而不施,

中外圣贤经 贫富经

富无久长。财大气粗，艺高口狂。贫富相帮，同奔小康。致富思源，富而思进。穷找穷亲，富找富邻。欲多伤神，财多累身。穷人手黑，富人心狠。包里无钱，时常闹心。俭则家富，奢则家贫。

有钱可怕，无钱可吝[1]。不为浊富，宁为清贫。贫穷患难，亲戚相亲。达人知命，君子安贫。贫而好施，功倍于富。

白酒红人面，黄金黑人心。无钱休见官，遭难莫寻亲。穷人见穷人，非亲胜似亲。富人见穷人，是亲不认亲。人心换人心，八两换半斤。

无病休嫌瘦，家安莫怨贫。盛世藏古董，乱世囤黄金。无本休言利，有货不愁贫。饱暖思淫欲，饥寒起盗心[2]。有钱道真语，无钱语不真。

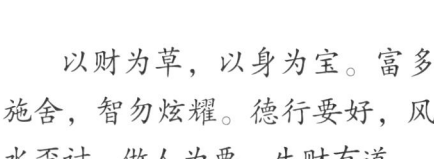

　　以财为草，以身为宝。富多施舍，智勿炫耀。德行要好，风水甭讨。做人为要，生财有道。

　　怕贫休浪荡，想富莫闲游。钱多腰杆硬，力大嗓门粗。欲求生富贵，须下死功夫。偷吃不会肥，做贼不会富。礼多人不怪，钱多是祸胎。怕见的是怪，难躲的是债。亲友不共财，共财不往来。宁可无钱使，不可骗人财。无心求富贵，富贵逼人来。

　　人穷难交友，马瘦少人骑。贫则独善身，富则为兼济[3]。有钱神也怕，人穷犬也欺。

　　供起来是佛，玩起来是泥。有多大本钱，做多大生意。创业百年难，败家一天易。邻富鸡常往，庄贫客渐稀。富贵他人合，贫贱亲戚离。公门暇日少，穷巷故人稀。饥者易为食，寒者易为

衣。致富先治愚，治愚办教育。石崇以蜡代薪，王恺以饴沃釜[4]。范丹破甑生尘，曾子捉襟见肘[5]。思路决定出路，观念决定贫富[6]。与其受人怜悯，不如被人嫉妒。富者省一筵，济穷一月粮。有志贫不久，无志富不长。

汗水流在地头，幸福来到泉里。奢侈富而不足，节约贫而有余。富人四季穿衣，穷人衣穿四季[7]。

贫虽道路艰辛，贵在自强不息。论起荣华富贵，原是过眼烟云。宁可贫贱一生，不可为富不仁。古古今今多更改，贫贫富富有循环。有钱王八大三辈，宰相家奴七品官。发家致富勤为本，教子成才德在先。自留地里撒屎尿，肥水不过别人田。田土深耕足养家，池塘积水须防旱。

人心不足蛇吞象，世事到头螳捕蝉[8]。亲知把臂他乡少，贫贱论交此地难。粗茶淡饭有真味，明窗净几居亦安。

人因爱富常离我，春不嫌贫又到家。炎凉看透心常逸，淡泊能安趣自佳。见贫休笑富休夸，谁是常贫久富家。大象病了千斤重，骆驼瘦死大过马。狗熊嘴大啃地瓜，麻雀嘴小啄芝麻。莲花出自淤泥下，人才常现贫寒家。功名富贵草上露，骨肉团圆锦上花。腰中有钱腰不软，手里无钱手难松。无名春草年年绿，不信男儿世世穷。看尽人间兴废事，不曾富贵不曾穷。

弄儿床前戏，看妇机中织。自古圣贤尽贫贱，何况我辈孤且直。乍富不知新受用，乍贫难改旧家风[9]。越奸越狡越贫穷，奸狡原来天不容。富贵若从奸狡得，世间难有正气风。咬定青山不放松，立根原在破岩中。千磨万击还坚硬，任凭东西南北风。有钱毛孩为尊长，无钱老翁也闲情。

贫居闹市无人问，富在深山有远亲。马行无力皆因瘦，人不风流只为贫。

若是敬神能富贵，世上应无穷苦人。有钱能使鬼推磨，无钱鬼也不上门。劝君莫做守财奴，死去何曾带一文[10]。

不信但看筵中酒，杯杯先劝有钱人。富人有钱难买命，穷人无药可医贫。富贵如风中秉烛，利名似水上浮瓢。

好义固为人所钦，贪利乃为鬼所笑。名利本为浮世重，古今能有几人抛。贤者不炫己之长，君子不夺人所好。活时只恨钱财少，死时方知财非宝。富贵不淫贫贱乐，男儿到此是雄豪。事能知足心常泰[11]，人到无求品自高。日中有钱人所美，夜来饿死谁人怜。

侵人田土骗人钱，荣华富贵不多年。仓廪实而知礼节，衣食足而知荣辱[12]。休嫌家舍简与陋，天涯无处似家园。

采得百花成蜜后，不知辛苦为谁甜。无事且从闲处乐，有钱难买一身安。财多名大多烦恼，贫富差小多平安。

注解

[1]吝：吝啬，小气。

[2]指生活安逸，易起淫念。饥寒交迫易生偷念之心。

[3]出自《孟子·尽心上》。意为：不

得志时就修身养性，得志时就要帮助世人。

[4]石崇、王恺：著名的晋代富豪。此句意为：石崇以蜂蜡当柴火烧；王恺用饴糖洗锅子，这是多么奢侈啊。

[5]范丹：汉代廉吏。曾子：孔子的弟子，圣人。范丹穷困断炊，饭钵满是尘土；曾子衣服破损了，提整衣襟就会露出手肘。

[6]经营的策略和方式，决定能否走向成功；思想观念确定贫穷或富裕。

[7]富人随季节更换衣裳，穷人一身衣服从春穿到冬。

[8]螳捕蝉即"螳螂捕蝉，黄雀在后"。比喻过分贪心结果适得其反。

[9]乍：刚开始的意思。

[10]文：古钱名，计钱量词。

[11]心常泰：内心常有平安。

[12]仓廪（cāng lǐn）：粮仓。语出《管子·牧民》。意为：粮仓充实了，才懂得做人的礼节；衣食丰足了，才知道荣誉和耻辱。

歌德（Goethe, 1749—1832），18世纪中叶到19世纪初德国和欧洲最重要的剧作家、诗人、思想家。歌德除了诗歌、戏剧、小说之外，在文艺理论、哲学、历史学、造型设计等方面，都取得了卓越的成就。

歌德是德国民族文学的最杰出代表。其创作把德国文学提高到全欧的先进水平，并对欧洲文学的发展做出了巨大的贡献。1775—1786年，歌德为改良现实社会应聘到魏玛公国做官，但一事无成。

1786年6月他前往意大利，专心研究自然科学，从事绘画和文学创作。1788年回到魏玛后任剧院监督。

歌德是德国狂飙运动的主将，其作品充满了狂飙突进运动的反叛精神。主要作品有剧本《葛兹·冯·伯里欣根》、中篇小说《少年维特之烦恼》、未完成的诗剧《普罗米修斯》和诗剧《浮士德》。此外还写了大量的抒情诗和评论文章。

其名言：

只有这样的人才配生活和自由，假如他每天为之而奋斗。

友谊只能在实践中产生并在实践中得到保持。

知道危险而不说的人，是敌人。

游戏人生，则一世无成。不能主宰自己，便永远是个奴隶。

谁是最幸福的人？乃是能感到他人功绩、视他人之乐如自己之乐的人。

凡不是就着泪水吃过面包的人是不懂得人生之味的人。

能把自己生命的终点和起点联结起来的人，是最幸福的人。

社交经

社交释义：

　　指社会上的交际往来。掌握良好的社交礼仪，是走向成功的必要条件。社交礼仪是一门学问，又是一门艺术。

　　在市场经济的大潮中，社交尤为重要。交际是一种参与竞争的手段，也是开拓局面的一种本领。这要求人们不仅具有良好的业务素质，而且还要具有丰富的交际礼节常识。

　　凡出言，信为先。见未真，勿轻言。知未的，勿轻传[1]。势服人，心不然。理服人，方无言。

　　彼说长，此说短。惟德学，惟才艺[2]。不如人，当自励。人

有短，切莫揭。人有私，切莫说。道人善，即是善。扬人恶，即是恶。

人不闲，勿事搅[3]。人不安，勿话扰。恩欲报，怨欲忘。报怨短，报恩长。冷眼观人，冷身听语。冷情当感，冷心思理[4]。白日所为，夜来省己。三思而行，再思可矣。

危邦不入，乱邦不居[5]。有始有终，无为无欲。他有来言，我有去语。口说无凭，立字为据。行行有利，行行有弊。攻其不备，出其不意。

心口如一，童叟无欺[6]。少年偏信，老汉多疑。人怕丢脸，树怕剥皮。苍蝇贪甜，死在蜜里。

不怕一万，只怕万一。三十六计，走为上计。杀身成仁，舍生取义[7]。当着矮人，别说短话。骨头

丢下，群狗打架。君子量大，小人气大。海纳百川，有容乃大。

谋事宜秘，处人宜宽。有短护短，更添一短。一贵一贱，交情乃见。建房择地，交友择贤。与人共事，礼让为先。

树高归于根，功名有是非。处世忌太洁，圣人贵藏辉[8]。秉公理自直，无私必无畏。入门乐天伦，出门寻山水。

君门不可入，势利互相推。树深烟不散，溪静鹭忘飞。冷眼观升降，平心论是非。人红大家吹，墙倒众人推。弓硬弦易断，人强祸必随。

有钱人逛嘴，没钱人逛腿。海阔凭鱼跃，天高任鸟飞。

山中有直树，世上无直人。再三须重事，第一莫欺心。虎生犹可近，人熟不堪亲。来说是非

者，便是是非人。打不断的亲，骂不断的邻。

千里不欺孤，独木不成林。力微休负重，言轻莫劝人。量大福亦大，机深祸也深。

好话传三人，有头少了身。坏话传三人，有叶又有根。行无愧于人，止无愧于心。

三年不上门，当亲也不亲。以文常会友，惟德自成邻。一生不出门，终究是小人。千里送鹅毛，物轻情义深。宁肯不识字，不可不识人。

蝎子尾后针，最毒负心人。遇急思亲戚，临危托故人。真人不露相，露相非真人。既在江湖走，都是苦命人。疾风知劲草，烈火见真金。

门内有君子，门外君子至[9]。门内有小人，门外小人至。磨刀

恨不利，刀利伤人指。宽心应是
酒，遣兴莫过诗[10]。

借他口中言，传我心中事。
山河不足重，重在遇知己。交心
不交面，从此重相忆。

钱到他人手，要等他人有。
借钱是朋友，索债成冤仇。内举
不避亲，外举不避仇。宁与千人
好，莫与一人仇。宁可直中取，
莫向曲中求。容得虎当道，不是
好猎手。

在家靠父母，出外靠朋友。
居人矮檐下，怎能不低头。鸡饿
赶不走，人饿不怕丑。天不言自
高，地不语自厚。有舍必有求，
收礼不自由。心去最难留，留下
结冤仇。君子不开口，神仙猜不
透。小人溺于水，君子溺于口[11]。

君子交有义，不必常相从。
你立你的功，我撞我的钟。扇子

有清风，时时在手中。法律不能松，松了乱哄哄。满怀心腹事，尽在不言中。台上一分钟，台下十年功。

嘴上喊支持，脚下使绊子。要做本分人，莫做伪君子。河边无青草，不要多嘴驴。新林无长木，新池无大鱼。高者未必贤，下者未必愚。

脚跑不过雨，嘴强不过理。好事不出门，恶事传千里。世情看冷暖，人面逐高低[12]。

时间要靠挤，功德要靠积。兄弟要和睦，亲朋要互助。玩笑忌伤人，诙谐忌粗俗。量小非君子，无毒不丈夫。

口里叫哥哥，手里摸家伙。树直用处多，心正朋友多。益友百个少，损友一个多。冤家不可结，结了无休歇。

亲戚远来香，近邻高搭墙。客至心常热，人走茶不凉。铁肩担道义，妙手著文章。时危见臣节，世乱识忠良。放眼结良友，社交多思量。

到处留人情，落难天下行。路不行不到，事不为不成。人不劝不善，钟不打不鸣。人帮我不忘恩，我帮人莫记心。责人之心责己，恕己之心恕人。求个良心管我，留些余地交人。

摆渡摆到河边，送佛送到西天。为善流芳百世，为恶遗臭万年。高山不会碰头，活人总会见面。口说不如身逢，耳闻不如眼见。

盖得住的是火，藏不住的是烟。投亲不如访友，访友不如下店。话怕三头对面，事怕挖根掘蔓。忍得一时之气，免得百日之忧。勿贪意外之财，不饮过量

之酒。冷汤冷饭好吃，冷言冷语
难受。多虚不如少实，广种不如狭
收。遇横切莫逞气，止谤还要自
修。休与小人为仇，小人自有对头。
百年之计种松，十年之计种柳。沙
锅不打不漏，朋友不交不透。

　　盖屋离不了梁，安窗离不了墙。
烂泥糊不上壁，朽木当不了梁。
学在一人之下，用在万人之上。

　　世人结交须黄金，黄金不多
交不深。世上莫过手足情，打断
骨头连着筋。若知四海皆兄弟，
何处相逢非故人。

　　人生结交在终始，莫为升沉
中路分。丈夫结交须结贫，贫者
结交交始亲。相逢好似初相识，
到老终无怨恨心。画虎画皮难画
骨，知人知面不知心。一失足成
千古恨，再回头已百年身。种花
须知百花异，育人要懂百人心。处

156

世须防开口错，交人只要到头真。

为人不做亏心事，半夜敲门心不惊。背地商量无好话，私房计较有奸情。结君子千年有义，交小人转眼无情。

牡丹花好空入目，枣花虽小结实成。为人处处行方便，福也增来寿也增。知恩不报非君子，万古千秋作骂名。

世事静观知曲折，人心甘苦见交情。阅尽人情知纸厚，踏遍世路觉山平[13]。纸上得来终觉浅，绝知此事要躬行。

莲出淤泥而不染，竹经霜雪而更青。举世皆浊我独清，众人皆醉我独醒[14]。只有和气去迎人，哪有相打得太平。忠厚自有忠厚报，豪强一定受官刑。哪只耗子不偷油，哪只猫儿不吃腥。鼠目寸光不长久，高瞻远瞩利于行。

做事必须踏实地，为人切莫图虚务。害人之心不可有，防人之心不可无。平日待人多厚道，急难自有人相扶。渴时一滴如甘露；醉后添杯不如无。

花枝叶下犹藏刺，人心怎保不怀毒。万两黄金容易得，知心一个也难求。强中更有强中手，莫向人前自夸口。人要饿时给一口，胜过饱时给一斗。

命里有时终须有，命里无时莫强求。合意友来情不厌，知心人至话投机。世上若要人情好，赊去对象不取钱[15]。

淡如秋菊何妨瘦，清到梅花不畏寒[16]。交一朋友多条路，少个对头少负担。礼尚往来频交际，以诚待人百事安。

注解

[1]的：清楚明了。"未的"就是不很明了，真相不是大白。以上三句话的意思是：凡开口说话，先要讲究信用；还未看到事情的真相，不轻易发表意见；对于事情了解得不够清楚，不轻易传播出去。

[2]重视品德学问和才能技艺。

[3]人家无空闲时，不要打扰。

[4]用冷静的心情处理感情；用冷静的头脑去思考事理。语出《菜根谭》。

[5]邦：国；古代诸侯的封国。乱邦：动乱的国家。不进入、不居住经常发生动乱或有危险的国家。

[6]叟（sǒu）：老人。

[7]成：成全；仁：仁爱。指为仁爱、为正义而牺牲舍弃自己的生命。

[8]意思是：待人处事不要过于苛刻，最聪明的人贵在不夸耀自己。

[9]屋主是一位有品德的君子，那么登门拜访的客人和他所交往的朋友也会是有修养的君子。

[10]遣信：排解兴致。

[11]溺（nì）：淹没。君子会因议论过多而招致淹没般的祸。

[12]世情：社会人情。人面：人的脸色。社会人情从人的态度冷淡或热情可以看出，人的脸色好坏因对方的地位高低而不同。

[13]阅尽人情知纸厚："人情薄如纸"的化用，对世间人情冷暖、世态炎凉的感知。

[14]出自屈原《渔父》，表达其高洁的精神品质，对于迷乱世道的清醒认识。

[15]赊（shē）：买货延期交款。

[16]此两句出自清代姚步瀛，同治进士，曾任湖南慈利知县，为官清正。这是他为官署题写的对联。

伏尔泰（Voltaire, 1694—1778），原名弗朗索瓦-马利·阿鲁埃（Francois-Marie Arouet）。伏尔泰是法国启蒙思想家、文学家、哲学家，18世纪法国资产阶级启蒙运动的旗手，被誉为"法兰西思想之王"、"法兰西最优秀的诗人"、"欧洲的良心"。

伏尔泰一生不仅在哲学上成就卓越，也以捍卫公民自由，特别是信仰自由和司法公正而闻名。他的论说以讽刺见长，常常抨击当时的法国教育制度。雨果曾评价说："伏尔泰的名字所代表的不是一个人，而是整整一个时代。"

伏尔泰推崇卢梭所倡导的天赋人权,认为人生来就是自由和平等的,所有人都具有追求生存、幸福的权利。这种权利是上天所赐,与生俱来,不能被剥夺。这就是天赋人权思想。

其名言:

我可能不同意你的观点,但我坚决维护你说话的权利。

生命在于运动。

几个苍蝇咬几口,决不能羁留一匹英勇的奔马。

有学问的傻瓜,远比无知的傻瓜愚蠢。

没有所谓命运这个东西,一切无非是考验、惩罚或补偿。

人世间所有的荣华富贵不如一个好朋友。

一个家庭中没有书籍,等于一间房子没有窗户。

夫妻经

夫妻释义：

　　夫妻是指通过合法手续结合在一起共同生活的男女关系。夫妻和睦，家庭才能稳定；家庭安稳，社会才能稳定。家和万事兴。"齐修治平"，齐家摆在第一位。这是中华民族的至理古训。

　　现代夫妻关系主要靠感情来维系。经营好家，更要珍惜情感。关爱对方、相互尊重、理解沟通、专一忍让，做到身心灵的合一。如此之爱才能历久弥新。

　　一日夫妻，百世姻缘。相思至苦，禁果最甜。双眼半开，留在婚后。两眼睁开，要在婚前。

爱情为钱，万恶之源。宁为玉碎，不为瓦全[1]。

男大分家，女大出嫁。相爱成家，勤俭持家。和睦兴家，忠厚传家。

饥不择食，寒不择衣。慌不择路，贫不择妻。生命是花，爱情是蜜。不嫖莫转，不赌莫看。野花上床，家败人亡。男弱女强，幸福不长。

山有坡度，人有风度。痴人畏妇，贤女敬夫。婚姻死丧，邻里相助。

红袖添香，金榜题名[2]。妻以夫荣，母以子贵。天地配合，成双成对。恩爱相伴，万年富贵。

三十如狼，四十如虎。十男九偷，十女九守[3]。男的怕跪，女的怕哭。水泼不进，针扎不透。妻有私情，恨夫彻骨。君子动口，小人动手。公不离婆，秤不离砣。水到渠成，瓜熟蒂落。过了夏至节，夫妻各自歇。过了重阳节，夫妻宜多歇。

女大十八变，牡丹显红艳。他急我不急，人闲心不闲。男人挣大钱，女人腰粗圆。

漏网的鱼大，离去的妻贤。酒肠宽似海，色胆大如天。一朝情义淡，样样看不惯。羊肉没吃到，空惹一身臊[4]。遇婚姻说合，遇官司说散。丈夫非无泪，不洒别离间。但愿人长久，千里共婵娟。

高山有好水，平地有好花。远看一朵花，近看一团麻。云是雨之母，苦是爱之家。有根才开花，无蔓不结瓜。嫁得浮云婿[5]，相随即是家。夫勤无懒地，妻勤无脏衣。亲不过父母，近不过夫妻。夫妻同床睡，人心隔肚皮。好汉无好妻，懒汉有好媳。好狗不咬鸡，好汉不打妻。莫饮卯时酒，昏昏醉到西。莫骂酉时妻，一夜受孤凄。忍得一时气，免得百日忧。

夫不嫌妻丑，活过九十九。妻不嫌夫憨，百岁能转弯。早婚是个害，年轻身体坏。晚婚是个宝，幸福甜到老。夫妻多恩爱，神仙也不怪。

男怕入错行，女怕嫁错郎。家贫思贤妻，国乱思忠良。易寻无价宝，难得有情郎。酒肉朋友短，患难夫妻长。欢娱嫌夜短，寂寞恨更长。

天寒知被薄，忧思知夜长。自己的文章，人家的婆娘。两人一般心，无钱堪买金。一人一般心，有钱难买针。篱笆扎得紧，野狗钻不进。两粒小种子，一片大森林。白玉有微瑕，红颜多薄命[6]。奸情出人命，赌博出贼星。贞女怕殷勤，节妇求心静。

千里能相会，必是有缘人。近亲勿结婚，结婚害子孙。他人马莫骑，他人弓莫挽[7]。春为花博士，酒是色媒人。美妇必悦目，贤妇必赏心。

女子重前夫，男儿爱后妇。卤水点豆腐，一物降一物。妻财之念重，兄弟之情疏。宝剑赠壮士，红粉送佳人。花草需雨露，女人需温存。青春留不住，白发自然生。行船靠掌舵，持家靠老婆。室雅何须大，花香不在多。明月不常圆，好花容易落。秧好一半谷，妻好终生福。高山之上有天，沧海之下有地。强迫不成买卖，捆绑不成夫妻。

黎明前回笼觉，半路上好夫妻。将怕阵前失马蹄，人怕老来丧发妻。家里不和邻里欺，夫妻不和扯破衣。

富人妻、墙上皮，掉了一层再和泥。穷人妻、心肝肺，一时一刻不能离。天长地久有时尽，此恨绵绵无绝期。

三个婆娘说夫，三个老板说苦。讨老婆看妻舅，买衣裳看衫袖。不求天长地久，但求曾经拥有。

夫妻恩爱到白头，日子清贫也风流。诚知此恨人人有，贫贱夫妻百事哀[8]。

夫妻同苦共甘，棒打鸳鸯不散。伴侣两相无猜，日子舒畅自在。夫妻恩爱家和谐，儿女孝敬喜开怀。春天有花更美丽，人生无爱最惨凄。赌徒心中无圣物，情人眼里出西施。夫妻本是同林鸟，大难来时各东西。男子偷女万重山，女子偷男隔张纸。世事无求惟自爱，人生难得是相知。

娶妻娶德不娶色，交友交心不交财。莫言春色无人赏，野菜花开蝶也来。行囊羞涩都无恨，难得夫妻是少年。痴心女子千千万，负意郎君万万千。

妻子敬老教儿女，丈夫在外苦挣钱。少时夫妻老来伴，相濡以沫度老年。百世修来同船渡，千世修来共枕眠。得成比目何辞死[9]，愿做鸳鸯不羡仙。

传家二字耕与读，防家二字盗与奸。倾家二字淫与赌，守家二字勤与俭。谦虚受益存风格，任性招灾惹谤谗。到处有缘到处乐，时守本分夫妻安。夫爱妻来妻爱郎，必是一对好鸳鸯。

后婚老婆后婚汉，睡到半夜也分床。凤凰落在草窝里，鲜花插在牛粪上。

少时夫妻老来伴，金婚银婚日月长。房中无君难留娘，山中无草难养羊。

贫贱之交不可忘，糟糠之妻不下堂。鲜花虽美怕寒霜，夫妻恩爱寿无疆。和睦家庭风光好，恩爱夫妻幸福长。

一日同行三日亲，一夜苟合一夜情。一夜夫妻百日恩，百日夫妻似海深。在天愿作比翼鸟，在地愿为连理枝。甜不过少年夫妻，苦不过鳏寡老人。有意栽花花不发，无心插柳柳成荫。

天上下雨地下流，夫妻打架不记仇。白天同吃一锅饭，晚上同睡一枕头。数数家中三件宝，丑妻薄地小棉袄。老虎不走回头路，兔子不吃窝边草。女人越离越胆大，男人越离越害怕。天上下雨地上滑，各自跌倒各自爬。

得意夫妻乐相守，负心朋友怕重逢。娇妻唤作枕边灵，十事商量九事成。蜡烛有心还惜别，替人垂泪到天明。

相思相见知何日，此时此夜难为情。不看僧面看佛面，不看鱼情看水情。退一步天高地阔，让三分柳暗花明。

妻问归期未有期，巴山夜雨涨秋池。何时共剪西窗烛，同话巴山夜雨时[10]。甜茶相请真尊敬，男才女貌天生成。

注解

[1]意为宁可成为高贵的玉而粉碎，也不愿成为粗俗的瓦而保全。

[2]红袖：可人的女子。添香：焚香。

金榜题名：科举高中。此两句均为旧时读书人的追求目标。

[3]偷：偷情。守：守节。

[4]臊（sāo）：难闻的气味。

[5]生活如云彩飘泊不定的丈夫。

[6]红颜：漂亮的女性。

[7]此句意为爱情上要专一，切莫见异思迁。

[8]出自唐·元稹《遣悲怀》，悼念亡妻韦丛。意为：夫妻死别之恨人所不免，但对于同贫贱共患难的夫妻来说，一旦永诀，更为悲哀。

[9]比目：比目鱼，古代喻为忠贞爱情的象征。辞：避让。句意为：能够得到忠贞的爱情，虽死无畏。

[10]以上四句取自唐诗《寄北》诗意。诉说夫妻久别之苦，重逢之盼。

卜伽丘（Giovanni Boccaccio, 1313—1375），意大利文艺复兴运动的杰出代表、作家、诗人。其代表作《十日谈》批判宗教守旧思想，主张"幸福在人间"，被视为文艺复兴的宣言。其与但丁、佩特拉克合称"文学三杰"。

卜伽丘潜心研究古典文学，成为博学的人文主义者。他翻译了荷马的作品，在搜集、翻译和注释古代典籍上做出了重要贡献。晚年，他致力于《神曲》的诠释和讲解，曾主持佛罗伦萨大学《神曲》讨论。

卜伽丘是位才华横溢，勤勉多产的作家。他既以短篇小说、传奇小说蜚声文坛，又擅长写作叙事诗、牧歌、十四行诗，在学术著述上也成就卓著。

《十日谈》的行文以朴素的口语为特色，叙述简洁明快、生动紧凑，没有繁文虚饰，开创了欧洲短篇小说的独特形式，对欧洲文艺复兴文学产生了重大影响。

其名言：

友谊神圣，不仅值得推崇，而且值得永远传颂。

人的智慧就是快乐的源泉。

贫穷不会磨灭一个人高贵的品质，而富贵让人丧失了志气。

友谊最为神圣，不仅值得特别推崇，而且值得永远赞扬。

友谊是慷慨、荣誉最贤惠的母亲，是感激和仁慈的姐妹，憎恨和贪婪的死敌；它时刻都准备舍己为人，而且完全出于自愿。

花费心力得到的东西更令人喜爱。

特蕾莎修女（Mother of Teresa Callcutta, 1910—1997），出生于奥斯曼帝国科索沃省。

1997年9月5日，一位满面皱纹、瘦弱文静的修女去世。印度为她举行国葬，全国哀悼两天。成千上万的人冒着倾盆大雨走上街头，为她的离去而流下悲伤的眼泪。她就是被誉为"活圣人"的特蕾莎修女。

她所创建的仁爱修会拥有4亿多美元的资产，7000多名正式成员，还有很多追随者和义务工作者分布在100多个国家；她认识众多的总统、国王、传媒巨头和企业巨子，并受到他们的仰慕和爱戴。可是，她的住所唯一的电器是一部电话。她一共只有三套衣服，而且自己洗换。她只穿凉鞋没有袜子……她只为受苦受难的人活着，让他们感到有尊严、被人爱。1979年，诺贝尔和平奖授予了这位除了爱一无所有的修女。

其名言：

怀大爱心，做小事情。

我不但要信仰，而且要实践，我要身体力行。

我不但要宽恕，而且要爱人，我要忘却得失。

我不但要言传，而且要身教，我要感化众人。

我不但要关怀，而且要挽救，我要助人为乐。

我不但要梦想，而且要实干，我要广施善行。

大爱经

大爱释义：

　　宽广博大的爱，施与众人的爱。其超越了性别、亲朋、团体、派别、阶级、民族、地域。泛指一种人类的爱，甚至包括自然万物。爱也是一种包容、理解和相互支持、相互关心；是人世间一种纯洁美好感情的交流和亲密关系的释放。

　　西方对爱的解释，可以从《圣经》中找到："爱是恒久忍耐，又有恩慈。爱是不嫉妒。爱是不自夸，不张狂。不做害羞的事，不求自己的益处。不轻易发怒，不计算人的恶。不喜欢不义，只喜欢真理。凡事包容。凡事相信。凡事盼望。凡事忍耐。爱是永不止息。"

兼相爱，交相益。人博爱，泰山移。爱之深，力无比。换我心，为你心。始知己，相爱深。说好话，存好心。爱邻居，爱世人。

大爱无形，大爱无痕。大爱无疆，大爱无声。大爱无言，上善若水[1]。仰望星空，心怀敬畏。公平正义，太阳光辉。

知己知彼，将心比心。宁可负我，切莫负人[2]。人之相知，贵在知心。浇花浇根，交友交心。行要好伴，爱要好人。千金买宅，八百买邻。人急投亲，鸟急投林。二人同心，其利断金。与人交际，言而有信。树木成阴，空气清新。绿了大地，润了人心。功在当代，造福子孙。

人世沧桑，有分有合。岁月长河，潮起潮落。看水行船，见风使舵。做牛要拖，做人要磨。

人非圣贤，孰能无过。心口相依，光明磊落。

善欲人见，不是真善。恶恐人知，便是大恶[3]。一方有难，八方支援。逢人减岁，遇货加钱。寄人篱下，有苦难言。

有盐同咸，无盐同淡。与其苦熬，不如苦干。亲为亲好，邻为邻安。寸有所长，尺有所短。

虎怕离山，人怕孤单。独虎好擒，众怒莫犯。虚怀若谷，清气若兰。

一贵一贱，交情乃见。取人之长，补己之短。父兄失教，子弟不堪。放虎归山，必有后患。光说不算，做出再看。公事公办，敲钟吃饭。

身有傲骨，胸无傲气。江山易改，秉性难移。人不为己，顶天立地。有钱出钱，无钱出力。

千家帮一，泰山可移。同舟共济，始终如一。

人多人强，狗多咬狼。篱笆要桩，好汉要帮。烈火识金，多难兴邦[4]。

近水知鱼性，近山识鸟音。是亲不似亲，非亲却似亲。海内存知已，天涯若比邻[5]。相知无远近，万里尚为邻。

君子淡如水，岁久情愈真。钱财如粪土，仁义值千金。是亲不是亲，非亲却是亲。万众一条心，黄土变成金。单丝不成线，独木不成林。行无愧于人，止无愧于心。相爱满天下，知心能几人。向来忧国泪，寂寞洒衣巾。

余钱剩饭，尽可救人之饥。旧絮粗衣，亦可救人之寒。情深恭敬少，知爱笑谈多。日长无好饭，客长无笑脸。难合亦难分，

易亲亦易散。山不转路转，河不弯
水弯。人生贵相爱，何用金与钱。
投我以木桃，报之以琼瑶[6]。知
音世所稀，相逢方一笑。各吹各
的号，各放各的炮。

　　孤木树荫少，堆柴火焰高。
岁寒知松柏，患难见真情。人无
千日好，花无百日红。

　　爱心如炭火，寒夜暖众生。
老少一条心，家和万事兴。勇向
潮头立，敢为天下先。

　　有恩当须报，无仇莫结怨。
十人扶人易，一人扶十难。人多
好办事，水大好行船。独手难举
石，众手可移山。小时是兄弟，
长大各乡里。人瘦尚可肥，世俗
不可医。君子喻于义，小人喻于
利。损人不利己，骗人骗自己。
不怕恶人欺，只怕心不齐。

　　土夯土成墙，人帮人成王。

今日乐相乐，别后莫相忘。远水难救近火，远亲不如近邻。

世事短如春梦，人情薄似秋云。博爱一出口，快乐就拥有。中夜四五叹，常为大国忧。丈夫誓许国，愤惋复何有。

岂能尽如人意，但求无愧我心。为善流芳百世，为恶遗臭万年。不以英雄自居，但以英雄自勉。

有心有为有守，立德立功立言[7]。有爱者肝胆壮，无私者天地宽。

勿以恶小而为之，勿以善小而不为。命运颠沛磨意志，大爱之中气节明。黑夜无论怎样长，白昼总会催人醒。

布衣之交不可忘，人生乐在相知心。西出阳关无故人，天下何人不识君。忘恩负义非君子，反目成仇是小人。

酒肉面前知己假，患难之中兄弟真。轻霜打死单根草，狂风难毁万木林。

黄麻搓绳扯不断，毛竹成捆压不弯。独脚难行千里路，单肩难挑千斤担。

大河无水小河干，大河水涨小河满。独木架桥难行走，众木成排好渡江。井淘三遍吃好水，人有爱心德性明。

春随芳草千年艳，人与梅花一样清。大爱筑起通天路，众志凌云可成城。

注解

[1]出自老子《道德经》："上善若水，水善利万物而不争，此乃谦下之德也。"老子认为：上善的人，应像水一样，造福万物，滋养万物，却不与万物争高下，这才是最为谦虚的美德。

　　[2]宁愿别人辜负自己，也不要做伤害别人的事。

　　[3]做善事让人知道，不是真善。作恶怕人知道，是更大的恶。

　　[4]邦：国家。国家多灾多难，在一定条件下可以激励人民奋发图强，战胜困难，使国家强盛起来。语出《左传·昭公四年》。

　　[5]海内有知心的朋友，即使远隔天涯，也像是近邻一样。语出唐·王勃《杜少府之任蜀州》。

　　[6]出自《诗经·木瓜》。琼瑶：美玉。意为：你给我一个木瓜，我还你美玉。指礼尚往来，知恩图报。

　　[7]有守：爱要长久持守。立德：树立圣人之德；立功：建立功绩。立言：著书立说。旧指树立德业和功绩，为民除难，全面施舍，以救济众生。